JN132021

親子でいっしょに最短合格 英検® 4級

長田いづみ

ask

はじめに

10年ほど経営していた英会話スクールを閉め、TOEIC 専門で講師をしようと決めて6年。ひょんなことから「小学生が英検に合格するための講座を作りませんか」とお誘いをいただきました。英検5級（中学1年程度）や4級（中学2年程度）は、おそらくほとんどの大人の方が「明日受験しても合格点が取れる」と思います。正直な話、大人になれば誰もができるようになることを、小学生にやらせる意味があるのかな、と最初は思っていました。ところが、英検会場に行ってみてびっくり。5級や4級には「未就学児と小学校低学年だけの教室」が設けられるくらい、英検は低年齢化していたのです。英語指導を始めて20年。私の経験がお役に立てるのであれば、と小学生向けの英検講座の構築を始めました。そこでわかったこと。小学生には小学生の戦い方があります。文法はやりません。点の稼ぎどころであるリスニングテストは、筆記テストのあと。小学生の集中力や体力を温存するために、並べ替え問題は捨てます。

こうして「英単語が1つも読めなかった小学生が3か月で英検合格」をコンセプトとする親子英語協会が2018年9月に誕生しました。受講生のほぼ全員が、帰国子女ではなく、普通の小学生です。5歳で英検5級に合格したお子さまや、英語の学習をスタートして2年で5級から2級まですべて取得した6年生など、大きな成果もあります。そして、これまで親子英語講座をご受講くださったほぼすべての親子が、3か月または半年で合格を果たしています。現在ではインストラクターも増え、受講生は300組を超えました。

「自分は英語が苦手だけれど、子どもと一緒に英検合格を目指したい」と、お子さまと一緒に5級から挑戦する保護者の方もいらっしゃいます。インストラクターの子どもたちも、この親子英語メソッドを使って目覚ましい結果を出しています。

1. 正しいトレーニング

2. 英語学習時間の確保

この両輪のどちらが欠けても英検合格はできません。

この本を使って、正しいトレーニングや学習時間を確保するためのヒントを得てほしい、そして合格を勝ち取ってほしいと思っています。英検は文系の格闘技ですから。

長田いづみ

この本に出てくる人たち

Rick

Ken と Risa のお父さん。家族で映画を観に行くのが好き。

Risa

小学校6年生。バスケットボールと吹奏楽が好き。みんなのムードメーカー。

Ken

中学校2年生。しっかり者で買い物や手伝いをよくたのまれる。

Naomi

Ken と Risa のお母さん。家族思いで陽気な性格。ギターが得意。

Anna

Risa のクラスメイト。友達思いで、がんばり屋さん。Risa とバスケットボール部に入っている。

Amy

アメリカ出身で、Risa のクラスメイト。おしゃべりが好きで、週末は Risa や Anna と遊びに出かける。

Maria

Ken と Risa のいとこ。高校生1年生。勉強でいそがしいけれど、英語部の活動はかかさない。

Tom

Ken の友達。スポーツは得意だが、勉強は苦手。よく Ken といっしょに宿題をする。

もくじ

別冊「答えと解説」

Unit 1 ～ Unit 12の「ミニ模試」と、「仕上げの模試」の答えと解説が載(の)っています。最後のページには「仕上げの模試」のマークシートもあります。

小学生が英検に最短で合格する方法

大人と子どもの方へ

私が代表理事を務める親子英語協会では、「英単語が1つも読めなかった小学生が3か月で英検合格」をコンセプトに講座を開いています。3か月間、親子英語メソッドを使って学習する方はほぼ100%合格します。まずは英検に最短で合格するためのコツを習得しましょう。

「3か月で合格」のためのコツ

Point!

- 合格に必要なことだけをやる
- スラッシュリーディング、音読、オーバーラッピングをくり返しやる
- 単語は音もいっしょに覚える
- リスニングテストまで集中力を切らさない

この「リスニングテストまで集中力を切らさない」が、小学生の英検では特に大切です。

4級は筆記テスト35分、リスニングテスト約30分。小学生はリスニングテストで点数を稼ぐのが一般的ですが、リスニングテストは筆記テストの後にくるのです。

過去問を解きながら集中力が切れてしまう子、リスニングテストの途中で解くのをあきらめてしまう子を見るうちに、「点の稼ぎどころであるリスニングテストまで、集中力と体力とモチベーションを切らさないためにはどうしたらいいのか」を考え始めました。

つまり、「筆記テストをなるべく省エネでかけぬける方法」です。その方法として、以下の４つを挙げます。

1. 大問１で点数を稼げるように語彙力をつける
2. 文法はやらない
3. 並べ替えは２をぬって進む
4. 読解は省エネで解く

1. 大問１で点数を稼げるように語彙力をつける

筆記テストの大問１は語彙問題です。まずは、大問１の４択の単語が全部読めて意味がわかるまで、くり返し覚えましょう。不正解の選択肢も、その級のレベルのものが出題されます。不正解の単語がその級に対して易しすぎたり難しすぎたりしたら、不正解だとすぐにわかってしまうからです。つまり、不正解の選択肢も別の問題で出題される可能性があるのです。逆に、選択肢にある単語を４つとも全部覚えていれば、このパートは非常に短時間で解き進めることができます。

2. 文法はやらない

もし文法学習をがっちりやるのであれば、「品詞」「主語と動詞」「動詞の形」などをイチから教えなければなりません。英検に３か月で合格するには、そんな時間はないのです。文法はいずれ中学校で習いますから、そのときにシステマティックに身につければよいでしょう。スラッシュリーディング、音読、オーバーラッピングをくり返しやることで、文法の知識がなくても正解を選べるようになります。

3. 並べ替えは 2 をぬって進む

並べ替え問題は文法問題です。この 5 問を落としても、合否にはあまり差がありません。もちろん、解けるお子さまは解いて進めばいいのですが、独特の出題形式に慣れていないお子さまは、ここで時間と体力を使ってしまいます。それよりも、**点の稼ぎどころであるリスニングテストに体力と集中力を温存しておくほうが合格を勝ち取るためには大事です。**

解かない問題もマークしておくのは、マークミスを避けるためというのが一番大きな理由です。2 番以外の番号をぬりつぶしてもかまわないのですが、あらかじめ番号を決めておくと余計な迷いを生みません。
まずは、並べ替えは解かずにマークして、次の読解問題に進み、時間と体力が余っていれば並べ替えにもどって解き直せばいいのです。解き直す時間がなかったとしても、**単語と読解がきちんとできていれば、筆記試験はちゃんと合格点が取れます。**

4. 読解は省エネで解く

4 級の読解問題は「キーワード」を見つけることが大事です。 この本の別冊「答えと解説」では、読解問題を省エネで解く方法を解説しています。合格するためのテクニックを身につけましょう。

読解を省エネで解くためのコツ

Step 1　質問文のキーワードを丸で囲む
Step 2　丸で囲んだキーワードを本文中から探す
Step 3　Step 1 と同じようにキーワードを丸で囲み、その文全体に線を引く
Step 4　かなりの確率でそこに答えがあるはず！

この本の使い方

大人と子どもの方へ

- 『親子でいっしょに最短合格』―― でも、親が子どもに英語を教えるのではありません。親は子どもに伴走して、「英検合格」というゴールまで二人三脚でトレーニングを進めていきます。
- この本は 12 個の Unit で成り立っています。英検 4 級の試験によく出てくる場面や言い回しが盛りだくさんです。すべての Unit の練習が終わったら「仕上げの模試」で実力チェックをしましょう。
- この本の後ろには「重要単語・表現リスト」があります。わからない単語があったら、このリストを辞書がわりに使ってください。

① 場面で覚えよう

イラストを見ながら音読しましょう。場面を想像しながら練習をすることが大切です。

Unit 1 家の中
① 場面で覚えよう
★ What can I do for you?
☆ Cut the onion, please.
★ My math homework is too difficult.
☆ I'll help you.
What can I do for you?
Cut the onion, please.
Check!

親子でいっしょに！
★と☆を親子で交替して音読しましょう。うまくできなくても問題ありません。音声をよく聞いて、少しずつ真似していきましょう。

親子でいっしょに！
英検合格のためのお役立ち情報を「子どものための豆知識」「大人のための豆知識」としてまとめました。これを読めば、子どもも大人もモチベーションアップまちがいなし！

Check!

 英語表現を身につけよう

Step 1　例文と意味を確認

4級によく出てくる表現や言い回しを学習しましょう。

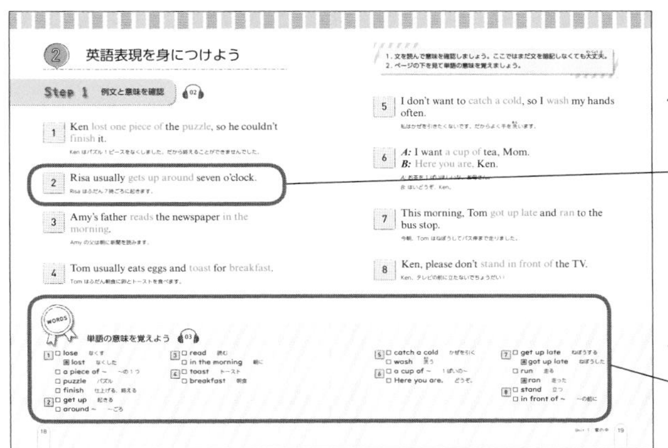

② 英語表現を身につけよう

Step 1　例文と意味を確認

1. 文を読んで意味を確認しましょう。ここではまだ文を暗記しなくても大丈夫。
2. ページの下を見て単語の意味を覚えましょう。

1 Ken lost one piece of the puzzle, so he couldn't finish it.
Ken はパズル１ピースをなくしました。だから終えることができませんでした。

2 Risa usually gets up around seven o'clock.
Risa はふだん７時ごろに起きます。

3 Amy's father reads the newspaper in the morning.
Amy の父は朝に新聞を読みます。

4 Tom usually eats eggs and toast for breakfast.
Tom はふだん朝食に卵とトーストを食べます。

5 I don't want to catch a cold, so I wash my hands often.
私はかぜを引きたくないです。だからよく手を洗います。

6 *A:* I want a cup of tea, Mom.
B: Here you are, Ken.
B: はいどうぞ、Ken。

7 This morning, Tom got up late and ran to the bus stop.
今朝、Tom はねぼうしてバス停まで走りました。

8 Ken, please don't stand in front of the TV.
Ken、テレビの前に立たないでちょうだい！

単語の意味を覚えよう

1 □ lose なくす / 過 lost なくした / □ a piece of ~ ～の１つ / □ puzzle パズル / □ finish 仕上げる、終える
2 □ get up 起きる / □ around ~ ～ごろ
3 □ read 読む / □ in the morning 朝に
4 □ toast トースト / □ breakfast 朝食
5 □ catch a cold かぜをひく / □ wash 洗う
6 □ a cup of ~ １ぱいの～ / □ Here you are. どうぞ。
7 □ get up late ねぼうする / 過 got up late ねぼうした / □ run 走る / 過 ran 走った
8 □ stand 立つ / □ in front of ~ ～の前に

＼Point!／

合格のためのポイント

短めの例文から英語表現を確認します。色つきの単語や表現は必ず意味を確認しましょう。

＼Point!／

合格のためのポイント

重要単語や表現を集中して覚えたいときはここをチェック！

Step 2　スラッシュリーディングと音読トレーニング

通訳者向けの訓練メソッドであるスラッシュリーディングを子どもにもできる形にしました。英語の語順で理解できるリスニング力が身につきます。

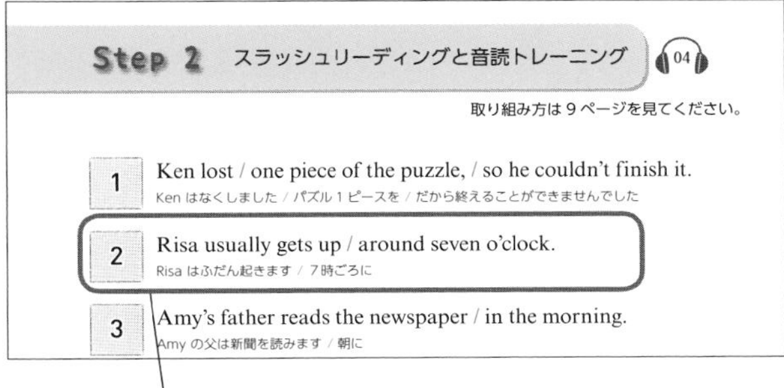

Step 2　スラッシュリーディングと音読トレーニング

取り組み方は９ページを見てください。

1 Ken lost / one piece of the puzzle, / so he couldn't finish it.
Ken はなくしました / パズル１ピースを / だから終えることができませんでした

2 Risa usually gets up / around seven o'clock.
Risa はふだん起きます / ７時ごろに

3 Amy's father reads the newspaper / in the morning.
Amy の父は新聞を読みます / 朝に

親子でいっしょに！

① スラッシュを入れたかたまりごとに音読しましょう。
② かたまりごとに、意味を確認しましょう。
③ かたまりごとに、【親】日本語 →【子】英語 の順に言いましょう。
④ 最初から最後まで文をつなげて音読しましょう。
⑤ 音声を聞きながら、同時に例文を音読（オーバーラッピング）しましょう。最初は文字を確認しながら音読します。できれば暗唱してみましょう。

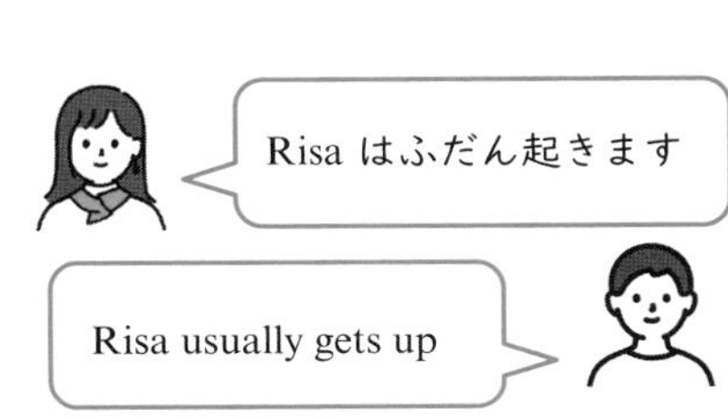

ミニ模試にチャレンジ

各 Unit の最後にまとめとして「ミニ模試」があります。解き終わったら、別冊「答えと解説」を読んで復習しましょう。

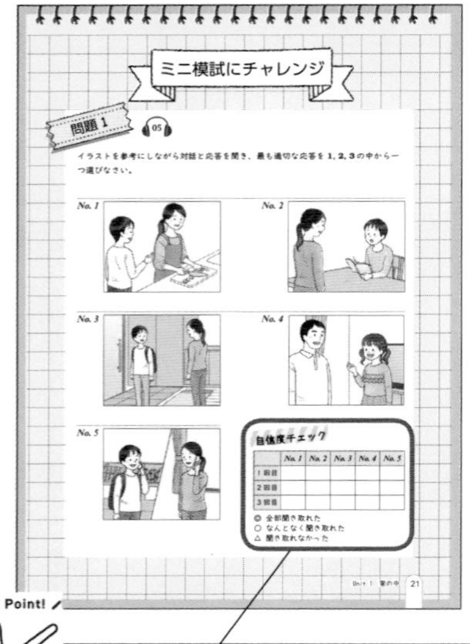

ミニ模試にチャレンジ

問題 1 05

イラストを参考にしながら対話と応答を聞き、最も適切な応答を 1, 2, 3 の中から一つ選びなさい。

No. 1 No. 2 No. 3 No. 4 No. 5

自信度チェック

	No. 1	No. 2	No. 3	No. 4	No. 5
1回目					
2回目					
3回目					

◎ 全部聞き取れた
○ なんとなく聞き取れた
△ 聞き取れなかった

Unit 1 家の中 21

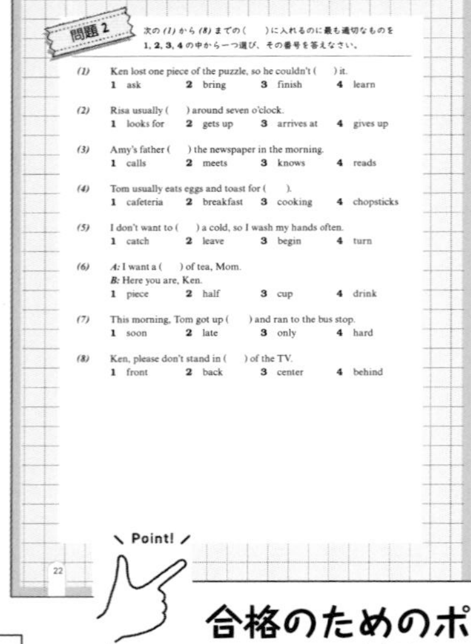

問題 2

次の (1) から (8) までの (　) に入れるのに最も適切なものを 1, 2, 3, 4 の中から一つ選び、その番号を答えなさい。

(1) Ken lost one piece of the puzzle, so he couldn't (　) it.
1 ask 2 bring 3 finish 4 learn

(2) Risa usually (　) around seven o'clock.
1 looks for 2 gets up 3 arrives at 4 gives up

(3) Amy's father (　) the newspaper in the morning.
1 calls 2 meets 3 knows 4 reads

(4) Tom usually eats eggs and toast for (　).
1 cafeteria 2 breakfast 3 cooking 4 chopsticks

(5) I don't want to (　) a cold, so I wash my hands often.
1 catch 2 leave 3 begin 4 turn

(6) *A:* I want a (　) of tea, Mom.
B: Here you are, Ken.
1 piece 2 half 3 cup 4 drink

(7) This morning, Tom got up (　) and ran to the bus stop.
1 soon 2 late 3 only 4 hard

(8) Ken, please don't stand in (　) of the TV.
1 front 2 back 3 center 4 behind

22

＼Point!／

合格のためのポイント

自信度チェックで自己分析！ 正解・不正解だけでなく、どこが苦手かを知ることが大切です。初めはわからなくても、3 回目にはきっとできるようになります！

＼Point!／

合格のためのポイント

本番と同じ形式に挑戦しましょう。ここまでで覚えた内容だから取り組みやすい！

仕上げの模試

本番通り時間を測って問題を解きましょう。別冊「答えと解答」の最後のページにマークシートがあります。本番に備えてマークする練習をしておきましょう。

大人の方へ

小学生にとって、英検合格に必要な膨大な量の英語表現を身につけることは、簡単なことではありません。集中力が続かず、途中で投げ出そうとすることもあるでしょう。でも、そんなとき、どうかお子さまといっしょに音読を続け、お子さまを見守り、応援し続けていただきたいのです。たとえ親が英語が苦手だとしても、親子でトレーニングする時間をぜひ楽しんでください。お子さまと一緒に英語の学習に取り組むことで、「英語って楽しい！」「自分も久しぶりに勉強したい！」と感じたなら、これをきっかけに英語の勉強に挑戦してみてはいかがでしょうか。

音声ダウンロードのご案内

 マークは音声のトラックナンバーを示しています。

本書の音声は以下のサイトから無料でダウンロードしていただくことができます。

★ ブラウザからのダウンロード

https://www.ask-books.com/978-4-86639-443-5/

右の QR コードからもアクセスできます。

★ アプリからのダウンロード

株式会社 Globee が提供するアプリ abceed（エービーシード）からダウンロードすることもできます。アプリで本書の書名を検索して、ダウンロードしてください。

右の QR コードからもアクセスできます。

★ Podcast アプリにも対応しています。

対応しているアプリ：Spotify、Apple Podcast

アプリで本書の書名を検索して、ダウンロードしてください。

大人と子どもの方へ

英検®基礎知識

英検®は、年間368万人が受験する日本最大級の英語試験です。7つの級(1級、準1級、2級、準2級、3級、4級、5級)が用意されているので、自分のレベルに合った試験を受けることができます。

試験の日程

年に3回行われます。4級の試験は一次試験(筆記、リスニング)のみです。希望者は録音式のスピーキングテストを受けることができますが、合否には関係しません。

- 第1回検定:5月～6月
- 第2回検定:10月
- 第3回検定:翌年1月～2月

正確な試験日程は、公式ウェブサイトで確認してください。

Check!

検定料

4級の検定料は4,900円です。

試験内容

一次試験には、筆記テストとリスニングテストがあります。家族・学校・友達との会話・電話・買い物など、身近な場面で使われる中学中級程度(およそ中学2年生レベル)の英語の問題が出題されます。解答はマークシートに記入します。

	問題	形式	問題数	満点	制限時間
筆記	大問1	短い文の穴埋め問題	15問	500点	35分
	大問2	会話文の穴埋め問題	5問		
	大問3	単語の並べ替え問題	5問		
	大問4	長文の内容に合うものを選ぶ問題	10問		
リスニング	第1部	正しい応答を選ぶ問題	10問	500点	30分
	第2部	会話の内容に合うものを選ぶ問題	10問		
	第3部	話の内容に合うものを選ぶ問題	10問		

※一次試験は1000点満点

合格基準

4 級の合格基準スコアは、1000 点満点中 622 点です。

英検®CSE スコアについて

英検®の成績表では、級の合否に加えて、英検®CSE スコアが表示されます。英検®CSE スコアとは、すべての級に共通したスコア表示です。級の合否だけでなく、不合格であればあと何点で合格できるのか、合格であれば次の級までどの程度の学習が必要なのかなどが一目でわかります。また、技能別のスコアも表示されます。総合的な英語力と技能ごとの能力を絶対指標で知ることができるので、その後の学習で、どこに重点を置けばよいかが明確になります。

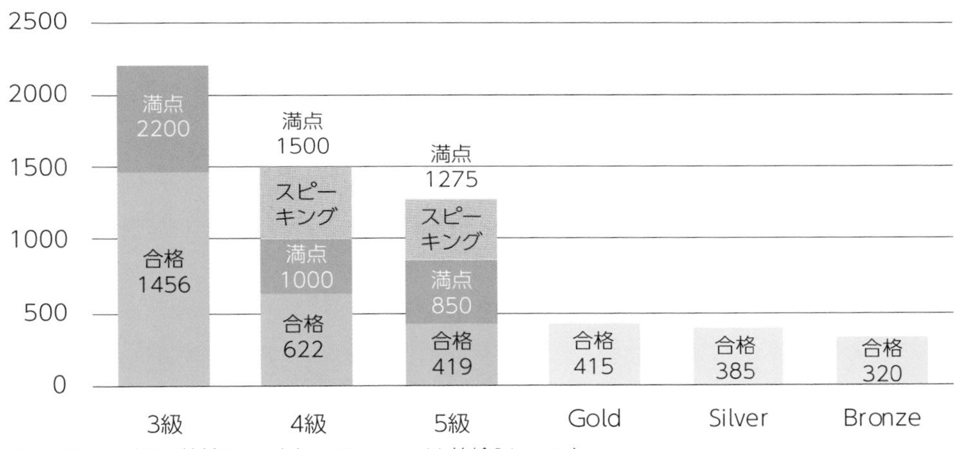

※ 3 級～ 5 級は英検®、Gold ～ Bronze は英検®Jr. です。

公式ウェブサイト「英検®CSE スコアのしくみ」(https://www.eiken.or.jp/cse/)を加工して作成

申し込み方法

申し込みには 3 種類の方法(インターネット申し込み、コンビニ申し込み、特約書店申し込み)があります。公式ウェブサイトをご確認ください。

問い合わせ先

英検®サービスセンター　03-3266-8311

月～金　9:30～17:00（祝日・年末年始をのぞく）

〈公式ウェブサイト〉
英検®に関する最新情報を知ることができます。
https://www.eiken.or.jp/eiken/

〈英検® for kids!〉
英検®を受けるお子さまとその保護者の方への情報が載（の）っています。
https://www.eiken.or.jp/eiken/eikenkids/

※情報はすべて2021年11月現在のものです。試験の内容や検定料などは変更になる場合があります。最新の情報は公式ウェブサイトなどでご確認ください。

当日の流れ

試験前

◇ 家を出る前に、忘れ物がないかチェックしましょう。
◇ 試験会場には早めに到着できるようにしましょう。
◇ 着席前に、お手洗（てあら）いに行っておきましょう。
◇ 問題冊子（さっし）とマークシート（解答用紙）が配られたら、放送にしたがって、マークシートに名前などを記入しましょう。

試験中

◇ 必ずマークシートに答えをマークしましょう。
◇ 試験中に気分が悪くなったり、筆記用具を落としたりしたら、静かに手を挙げて試験監督（かんとく）に知らせましょう。
◇ 早く解き終わっても、試験時間が終わるまでは、見直しをしながら静かに席にすわっていましょう。
◇ 筆記テストが終わったらすぐにリスニングテストが始まります。
◇ 終わりの合図があったら、すぐに解答をやめ、筆記用具を置きましょう。
◇ 問題冊子（さっし）は持ち帰ることができます。答え合わせや復習に使いましょう。

持ち物リスト

＊必ずいるもの	＊必要な人は持っていくもの
□ 一次受験票	□ うで時計
□ HBの黒鉛筆（くろえんぴつ）またはシャープペンシル	□ 防寒用の服
□ 消しゴム	□ ハンカチ
□ うわばき（会場によります）	□ ティッシュ

マークシートの書き方

試験が始まる前に、名前や生年月日などの情報をマークシートに記入します。慣れてしまえばカンタンなので、試験前に一度練習してみましょう。本番のマークシートと同じものが〈英検® for kids!〉でダウンロードできます。

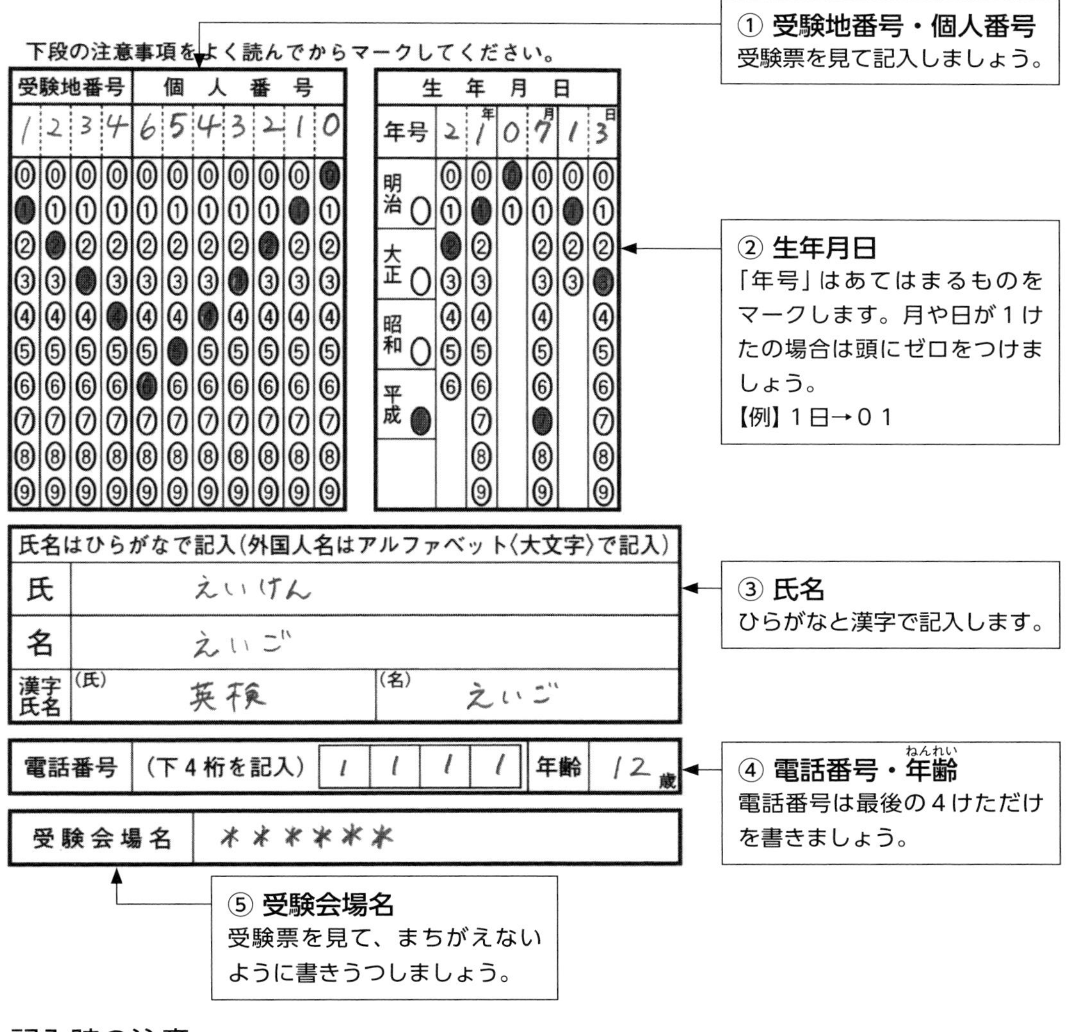

下段の注意事項をよく読んでからマークしてください。
受験地番号
個 人 番 号
1 2 3 4 6 5 4 3 2 1 0
生 年 月 日
年号 2 1 0 7 1 3
明治
大正
昭和
平成
氏名はひらがなで記入(外国人名はアルファベット〈大文字〉で記入)
氏 えいけん
名 えいご
漢字氏名 (氏) 英検 (名) えいご
電話番号 (下4桁を記入) 1 1 1 1 年齢 12 歳
受験会場名 ******
① 受験地番号・個人番号
受験票を見て記入しましょう。
② 生年月日
「年号」はあてはまるものをマークします。月や日が1けたの場合は頭にゼロをつけましょう。
【例】1日→01
③ 氏名
ひらがなと漢字で記入します。
④ 電話番号・年齢
電話番号は最後の4けただけを書きましょう。
⑤ 受験会場名
受験票を見て、まちがえないように書きうつしましょう。

記入時の注意

◇ HBの黒鉛筆かシャープペンシルを使いましょう。

◇ マークするときは、○の中をきちんとぬりつぶしましょう。

◇ マークを消すときは消しゴムで完全に消しましょう。

◇ マークシートはマークする欄以外に書いたり、汚したり、折りまげたりしないようにしましょう。

家の中

場面で覚えよう 01

場面を思いうかべながら、音読練習をしましょう。
親子で★と☆を交替（こうたい）して、スムーズに言えるようになるまで練習します。

1

★ What can I do for you?

☆ Cut the onion, please.

★ 何をしたらいいかな？
☆ たまねぎを切ってちょうだい。

2

★ My math homework is too difficult.

☆ I'll help you.

★ 数学の宿題が難しすぎるんだ。
☆ 手伝うよ。

子どものための豆知識　～英語は好きですか？～

この本を手に取ってくれているあなたは、きっと英語に興味があるのだと思います。英語は好きですか？ きらいですか？ 実は、「好き」の反対は「無関心」です。「英語がきらい」という感情は、「英語が好き」に変わる可能性があるのです。「英語ができるようになったら英語が好きになった人」をこれまで何千人も見てきました。あなたも英語にチャレンジしてみませんか？

3

☆ Do you have everything for school?

★ I think so, Mom.

☆ 学校のものは全部持ってる？
★ 持ってると思うよ、お母さん。

4

★ Hi, Risa.
Did you go to the concert?

☆ Yes, Daddy.　I went with Amy.

★ やあ、Risa。コンサートには行ったの？
☆ ええ、お父さん。Amy と行ったよ。

5

★ Do you want anything?

☆ Yes, some fruit for breakfast.

★ 何かほしいものはある？
☆ ええ、朝食用に果物を。

大人のための豆知識　～なぜ資格試験なのか？　その１～

「絶対我が子は英語のできる子に」と思っている保護者の方は多いと思います。ここで少し考えていただきたいのですが、「英語ができる」という基準って何でしょうか？「仕事で英語が使える」「海外で仕事ができる」「英語で意見が言える」などの答えがたくさん返ってきます。でも、これだと目標がざっくりしすぎています。

英語表現を身につけよう

Step 1 例文と意味を確認

1 Ken lost one piece of the puzzle, so he couldn't finish it.

Ken はパズル 1 ピースをなくしました。だから終えることができませんでした。

2 Risa usually gets up around seven o'clock.

Risa はふだん7時ごろに起きます。

3 Amy's father reads the newspaper in the morning.

Amy の父は朝に新聞を読みます。

4 Tom usually eats eggs and toast for breakfast.

Tom はふだん朝食に卵とトーストを食べます。

単語の意味を覚えよう

1
- □ lose なくす
  - 過 lost なくした
- □ a piece of ~ ~の1つ
- □ puzzle パズル
- □ finish 仕上げる、終える

2
- □ get up 起きる
- □ around ~ ~ごろ

3
- □ read 読む
- □ in the morning 朝に

4
- □ toast トースト
- □ breakfast 朝食

1. 文を読んで意味を確認しましょう。ここではまだ文を暗記しなくても大丈夫(だいじょうぶ)。
2. ページの下を見て単語の意味を覚えましょう。

5 I don't want to catch a cold, so I wash my hands often.

私はかぜを引きたくないです。だからよく手を洗(あら)います。

6 ***A:*** I want a cup of tea, Mom.
B: Here you are, Ken.

A: お茶を 1 ぱいほしいな、お母さん。
B: はいどうぞ、Ken。

7 This morning, Tom got up late and ran to the bus stop.

今朝、Tom はねぼうしてバス停まで走りました。

8 Ken, please don't stand in front of the TV.

Ken、テレビの前に立たないでちょうだい！

5
- □ catch a cold　かぜを引く
- □ wash　洗(あら)う

6
- □ a cup of ~　1 ぱいの～
- □ Here you are.　どうぞ。

7
- □ get up late　ねぼうする
  - 過 got up late　ねぼうした
- □ run　走る
  - 過 ran　走った

8
- □ stand　立つ
- □ in front of ~　～の前に

Step 2 スラッシュリーディングと音読トレーニング

取り組み方は 9 ページを見てください。

1 Ken lost / one piece of the puzzle, / so he couldn't finish it.
Ken はなくしました / パズル 1 ピースを / だから終えることができませんでした

2 Risa usually gets up / around seven o'clock.
Risa はふだん起きます / 7時ごろに

3 Amy's father reads the newspaper / in the morning.
Amy の父は新聞を読みます / 朝に

4 Tom usually eats eggs and toast / for breakfast.
Tom はふだん卵とトーストを食べます / 朝食に

5 I don't want / to catch a cold, / so I wash my hands / often.
私はしたくないです / かぜを引くことを / だから手を洗います / よく

6 ***A:*** I want / a cup of tea, / Mom.
B: Here you are, Ken.
A: ほしいな / お茶を 1 ぱい / お母さん / *B:* はいどうぞ、Ken

7 This morning, / Tom got up late / and ran / to the bus stop.
今朝 / Tom はねぼうして / 走りました / バス停まで

8 Ken, / please don't stand / in front of the TV.
Ken / 立たないでちょうだい / テレビの前に

ミニ模試にチャレンジ

問題 1

イラストを参考にしながら対話と応答を聞き、最も適切な応答を **1, 2, 3** の中から一つ選びなさい。

No. 1

No. 2

No. 3

No. 4

No. 5

自信度チェック

	No. 1	*No. 2*	*No. 3*	*No. 4*	*No. 5*
1 回目					
2 回目					
3 回目					

◎ 全部聞き取れた
○ なんとなく聞き取れた
△ 聞き取れなかった

次の ***(1)*** から ***(8)*** までの（　　）に入れるのに最も適切なものを **1, 2, 3, 4** の中から一つ選び、その番号を答えなさい。

(1) Ken lost one piece of the puzzle, so he couldn't (　　) it.
1 ask　**2** bring　**3** finish　**4** learn

(2) Risa usually (　　) around seven o'clock.
1 looks for　**2** gets up　**3** arrives at　**4** gives up

(3) Amy's father (　　) the newspaper in the morning.
1 calls　**2** meets　**3** knows　**4** reads

(4) Tom usually eats eggs and toast for (　　).
1 cafeteria　**2** breakfast　**3** cooking　**4** chopsticks

(5) I don't want to (　　) a cold, so I wash my hands often.
1 catch　**2** leave　**3** begin　**4** turn

(6) ***A:*** I want a (　　) of tea, Mom.
B: Here you are, Ken.
1 piece　**2** half　**3** cup　**4** drink

(7) This morning, Tom got up (　　) and ran to the bus stop.
1 soon　**2** late　**3** only　**4** hard

(8) Ken, please don't stand in (　　) of the TV.
1 front　**2** back　**3** center　**4** behind

次のＥメールの内容に関して、下の質問に対する答えとして最も適切なものを **1**, **2**, **3**, **4** の中から一つ選び、その番号を答えなさい。

> From: Katie Walton
> To: Yumi Oda
> Date: July 10
> Subject: Carol's birthday present
>
> Dear Yumi,
> Hello. My name is Katie. I'm Carol's sister. Carol is staying at your house in Japan, right? I'm happy because she has a good host family! Carol's birthday is this month. I want to give her a birthday surprise. I want to get two movie tickets for you and her. Are there any interesting movies in July?
> Love,
> Katie

Why is Katie happy?

1 Her sister is far away.

2 Her sister has a good host family.

3 Yumi gave her a present.

4 It is her friend's birthday.

自信度チェック

	問題2								問題3
	(1)	*(2)*	*(3)*	*(4)*	*(5)*	*(6)*	*(7)*	*(8)*	
1 回目									
2 回目									
3 回目									

問題2　◎ 単語の意味が全部わかる　○ わからない単語がある　△ 自信がない
問題3　◎ 内容が全部わかる　○ なんとなくわかる　△ 自信がない

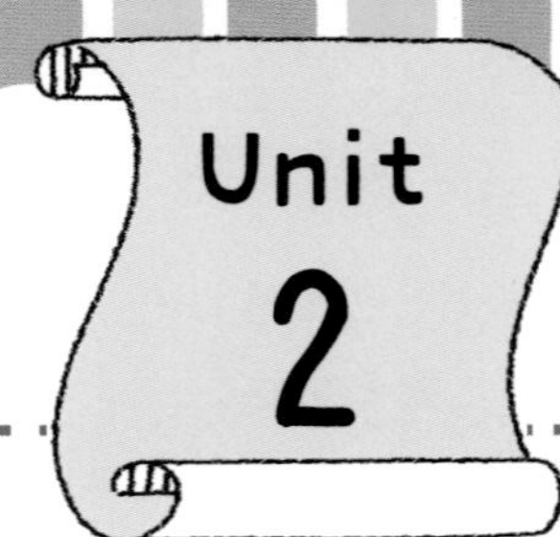

家族

場面で覚えよう 06

場面を思いうかべながら、音読練習をしましょう。
親子で★と☆を交替（こうたい）して、スムーズに言えるようになるまで練習します。

1

☆ Where does your sister live?

★ She lives in New York.

☆ あなたのお姉さんはどこに住んでいるの？

★ 彼女はニューヨークに住んでいるよ。

2

☆ Where's Ken?

★ He's reading a book in his room.

☆ Ken はどこにいるの？

★ 彼の部屋で本を読んでいるよ。

子どものための豆知識　～英語は実技科目です～

小学生のみなさんは、通知表をもらったことがありますね。国語、算数、理科、社会、英語は「勉強」、体育、音楽、家庭科、図工は「実技」という分け方が多いでしょう。しかし、私は英語も体育などと同じ「実技」の仲間だと思っています。やり方を教えてもらったら「くり返し練習」がセットなのです。やり方がわかったら、できるまでくり返す。シンプルです。

3

★ What's that, Nancy?

☆ A letter from my grandmother.

★ あれは何かな、Nancy？

☆ おばあちゃんからの手紙よ。

4

☆ Did you go to bed late last night?

★ No, I got up early this morning to walk my dog.

☆ 昨日夜おそくにねたの？

★ ううん、今朝早起きして犬の散歩をしたんだ。

5

☆ Who's that man?

★ It's my uncle Jason.

☆ あの男性はだれ？

★ おじの Jason さんだよ。

大人のための豆知識　～なぜ資格試験なのか？　その２～

「英語力」は目に見えないもの。例えばダイエットだったら、Before / After の写真だけで効果がわかります。でも英語力を客観的に測るには、やはり資格試験が一番わかりやすいし、フェアではないかと思います。日本で英語の試験を受けるときに一般的なのは、英検と TOEIC です。

英語表現を身につけよう

Step 1 例文と意味を確認

1 My brother plays baseball, but I don't.

私の兄は野球をします。でも私はしません。

2 Our dog sat next to his bowl and waited for his food.

うちの犬はボウルのとなりにすわり、食べ物を待ちました。

3 ***A:*** Ben really looks like Tom. Are they brothers?
B: Yes, but Tom is two years older.

A: Ben は本当に Tom に似ています。彼らは兄弟ですか？
B: はい、でも Tom が 2 歳(さい)年上です。

4 ***A:*** You look much better, Risa. How do you feel?
B: I'm fine, thanks.

A: 顔色がよくなったね、Risa。気分はどう？
B: 調子がいいよ、ありがとう。

単語の意味を覚えよう 08

1
- □ **baseball** 野球
- □ **but** でも、しかし

2
- □ **sit next to ~** ～のとなりにすわる
  - 過 **sat next to ~** ～のとなりにすわった
- □ **bowl** ボウル
- □ **wait for ~** ～を待つ

3
- □ **look like ~** ～に似ている
- □ **brother** 兄、弟、兄弟
- □ **older** 年上の

4
- □ **feel** 感じる
- □ **fine** 調子がいい

1. 文を読んで意味を確認しましょう。ここではまだ文を暗記しなくても大丈夫(だいじょうぶ)。
2. ページの下を見て単語の意味を覚えましょう。

5 I like listening to my grandfather's stories. His stories are always interesting.

私は祖父の話を聞くのが好きです。彼の話はいつもおもしろいです。

6 ***A:*** Whose hat is this? It's very nice.
B: It's my sister's.

A: これはだれのぼうしですか？ とてもすてきですね。
B: 私の姉のものです。

7 Ken is taller than his sister.

Ken は彼の妹より背が高いです。

8 My brother can play golf as well as my father.

私の兄は父と同じくらい上手にゴルフができます。

5
- □ **listen to ~** ～を聞く
- □ **grandfather** 祖父、おじいさん
- □ **always** いつも
- □ **interesting** おもしろい

6
- □ **whose** だれの
- □ **nice** すてきな
- □ **sister** 姉、妹、姉妹

7
- □ **taller than ~** ～より背が高い

8
- □ **can** できる
- □ **golf** ゴルフ
- □ **as well as ~** ～と同じくらい上手に

Step 2 スラッシュリーディングと音読トレーニング

取り組み方は 9 ページを見てください。

1 My brother plays baseball, / but I don't.
私の兄は野球をします / でも私はしません

2 Our dog sat / next to his bowl / and waited for his food.
うちの犬はすわり / ボウルのとなりに / 食べ物を待ちました

3 ***A:*** Ben really looks like Tom. / Are they brothers?
B: Yes, / but Tom is two years older.
A: Ben は本当に Tom に似ています / 彼らは兄弟ですか / *B:* はい / でも Tom が 2 歳(さい)年上です

4 ***A:*** You look much better, Risa. / How do you feel?
B: I'm fine, thanks.
A: 顔色がよくなったね、Risa / 気分はどう / *B:* 調子がいいよ、ありがとう

5 I like listening / to my grandfather's stories.
His stories are always interesting.
私は聞くのが好きです / 祖父の話を / 彼の話はいつもおもしろいです

6 ***A:*** Whose hat is this? / It's very nice.
B: It's my sister's.
A: これはだれのぼうしですか / とてもすてきですね / *B:* 私の姉のものです

7 Ken is taller / than his sister.
Ken は背が高いです / 彼の妹より

8 My brother can play golf / as well as my father.
私の兄はゴルフができます / 父と同じぐらい上手に

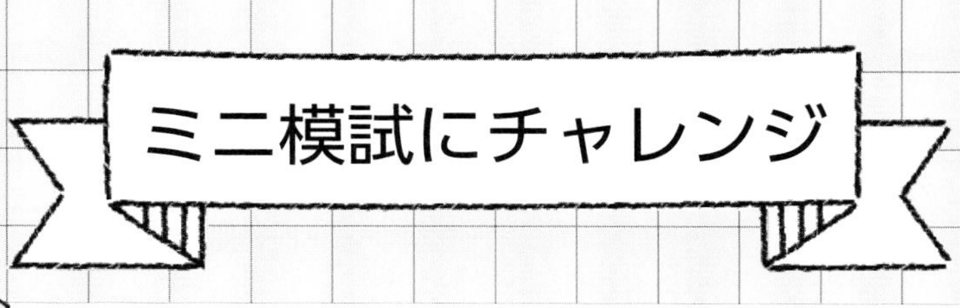

問題 1

10

対話と質問を聞き、その答えとして最も適切なものを **1, 2, 3, 4** の中から一つ選びなさい。

No. 1

1 The boy's family.
2 The boy's friend.
3 The girl's cousin.
4 The girl's friend.

No. 2

1 He's reading a book.
2 He's playing soccer.
3 He's sleeping.
4 He's doing his homework.

No. 3

1 The boy.
2 Nancy.
3 Nancy's sister.
4 Nancy's grandmother.

No. 4

1 He went for a run.
2 He got up early this morning.
3 He cleaned his room.
4 He washed his dog.

No. 5

1 Visiting the boy's family.
2 Meeting the girl's uncle.
3 Taking a picture.
4 Looking at a picture.

自信度チェック

	No. 1	*No. 2*	*No. 3*	*No. 4*	*No. 5*
1 回目					
2 回目					
3 回目					

◎ 全部聞き取れた
○ なんとなく聞き取れた
△ 聞き取れなかった

問題 2

次の *(1)* から *(8)* までの（　　）に入れるのに最も適切なものを **1, 2, 3, 4** の中から一つ選び、その番号を答えなさい。

(1) My brother (　　) baseball, but I don't.

1 buys　**2** stays　**3** plays　**4** meets

(2) Our dog (　　) next to his bowl and waited for his food.

1 took　**2** left　**3** bought　**4** sat

(3) ***A:*** Ben really looks (　　) Tom. Are they brothers?
B: Yes, but Tom is two years older.

1 like　**2** full　**3** easy　**4** safe

(4) ***A:*** You look much better, Risa. How do you (　　)?
B: I'm fine, thanks.

1 call　**2** enjoy　**3** write　**4** feel

(5) I like listening to my grandfather's stories. His stories are always (　　).

1 interesting　**2** quiet　**3** busy　**4** early

(6) ***A:*** (　　) hat is this? It's very nice.
B: It's my sister's.

1 Where　**2** When　**3** Whose　**4** What

(7) Ken is (　　) than his sister.

1 tall　**2** tallest　**3** too tall　**4** taller

(8) My brother can (　　) golf as well as my father.

1 play　**2** plays　**3** played　**4** playing

次の掲示(けいじ)の内容に関して、下の質問に対する答えとして最も適切なものを **1, 2, 3, 4** の中から一つ選び、その番号を答えなさい。

I can't find my cat!

My name is Emily West.
My cat Sunny ran away from my house on September 3.

Please help me!

• She is six years old.
• She is brown, yellow and white.
• Her eyes are yellow.

She likes walking around Forest Park.
If you see her, please call me at 555-0412.

What does Sunny like to do?

1 Jump out of the window.

2 Walk around Forest Park.

3 Sit outside the house.

4 Eat some snacks.

自信度チェック

	問題2								問題3
	(1)	*(2)*	*(3)*	*(4)*	*(5)*	*(6)*	*(7)*	*(8)*	
1回目									
2回目									
3回目									

問題2　◎ 単語の意味が全部わかる　○ わからない単語がある　△ 自信がない
問題3　◎ 内容が全部わかる　○ なんとなくわかる　△ 自信がない

学校

1 場面で覚えよう 11

場面を思いうかべながら、音読練習をしましょう。
親子で★と☆を交替(こうたい)して、スムーズに言えるようになるまで練習します。

1

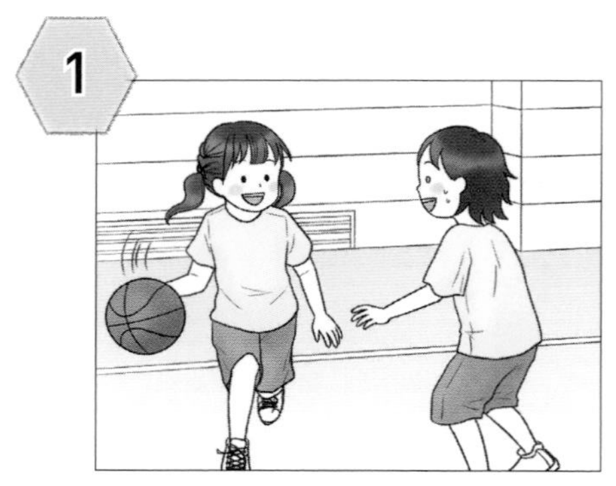

☆ A new student came to my class last month. We both like basketball.

☆ 先月私のクラスに新しい生徒が来ました。私たちは２人ともバスケットボールが好きです。

2

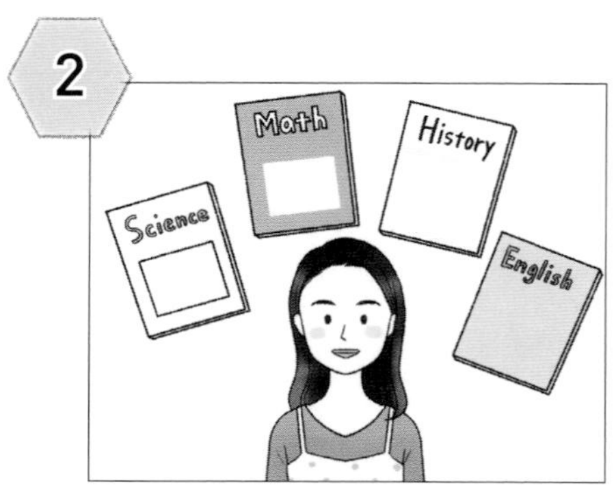

☆ I just started high school. I'm good at science, but math and history are difficult.

☆ 私は高校に入ったばかりです。理科は得意ですが、数学と歴史は難しいです。

子どものための豆知識　～Ｈさんの事例～

Ｈさんは小学校６年生になるまで、特に英語を勉強したことがありませんでしたが、どうしても英検に挑戦(ちょうせん)したい、ということで親子英語講座を受けてくれました。親子英語講座は、親子で協力して、小学生の間に英検に合格するための英語レッスンです。Ｈさんは講座を始めてから３か月後、５級と４級にダブル合格。レッスンに付きそってくれたお父さんと、英語でメールを送れるようになりました。

3

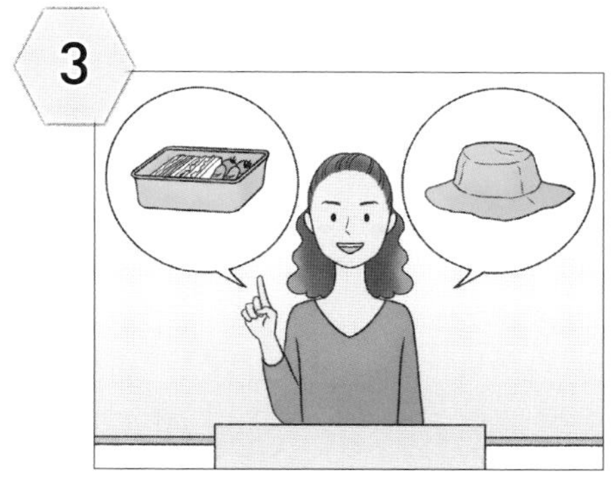

☆ Class, we're going to go to the park tomorrow.
Please bring your lunch and don't forget to wear a hat.

☆ みなさん、明日は公園に行く予定です。お昼ご飯を持参し、ぼうしをかぶるのを忘れないでください。

4

☆ Our history textbook is really interesting.
I often read about old places on the Internet, too.

☆ 私たちの歴史の教科書は本当におもしろいです。私はインターネットで昔からの場所についてもよく読みます。

5

★ Remember to bring a book to school tomorrow.
You'll need it for English class.

★ 明日忘れずに学校に本を持ってきてください。英語の授業に必要です。

大人のための豆知識　～なぜ資格試験なのか？　その３～

英検では何級を目指せばよいのでしょうか？ 私が代表理事を務めている親子英語協会では、「小学校６年生までに３級（中学卒業程度）」を目指しています。もし中学受験をするのであれば、小学校４年生の 10 月までに３級合格を目指します。５年生や６年生になると受験勉強で忙しく、英語にまで手が回らないことがほとんどだからです。

英語表現を身につけよう

Step 1 例文と意味を確認

1 ***A:*** What is your favorite subject at school?
B: Math. It's the most interesting subject for me.

A: 学校で好きな教科は何ですか？
B: 算数です。私にとって最もおもしろい教科です。

2 Risa is not good at science.

Risa は理科が得意ではないです。

3 ***A:*** Is Anna at school today?
B: Yes. I saw her five minutes ago.

A: Anna は今日学校にいるかな？
B: うん。5分前に彼女を見たよ。

4 Anna, how long will you study in Boston?

Anna、ボストンではいつまで勉強するつもりですか？

単語の意味を覚えよう

1
- □ **favorite** 大好きな、お気に入りの
- □ **subject** 教科
- □ **math** 算数、数学
- □ **the most** 最も

2
- □ **be good at ~** ～が得意だ
- □ **science** 理科、科学

3
- □ **see** 見る
  - 過 **saw** 見た
- □ **~ ago** ～前に

4
- □ **how long** どのくらい、いつまで
- □ **will** するつもりである
- □ **study** 勉強する

1. 文を読んで意味を確認しましょう。ここではまだ文を暗記しなくても大丈夫。
2. ページの下を見て単語の意味を覚えましょう。

5 At lunchtime, Amy enjoys talking with her friends in the cafeteria.

昼食の時間に、Amy はカフェテリアで友達と話すのを楽しみます。

6 I became good friends with Maria in high school.

私は高校で Maria と仲良くなりました。

7 Risa's school had an English speech contest today. She was happy because she did very well.

Risa の学校では今日英語のスピーチコンテストがありました。彼女はとてもよくできたので幸せでした。

8 The teachers at my school had a meeting today. They talked about the sports event.

私の学校の先生たちは今日会議がありました。彼らはスポーツ大会について話しました。

5
- □ lunchtime　食事の時間
- □ enjoy ~ing　~するのを楽しむ
- □ cafeteria　カフェテリア、食堂

6
- □ become good friends with ~　~と仲良くなる
  - 過 became good friends with ~　~と仲良くなった
- □ high school　高校

7
- □ because ~　~ので、なぜなら
- □ do well　よくできる
  - 過 did well　よくできた

8
- □ have a meeting　会議がある
  - 過 had a meeting　会議があった
- □ talk about ~　~について話す
- □ sports event　スポーツ大会

Step 2 スラッシュリーディングと音読トレーニング

取り組み方は 9 ページを見てください。

1
A: What is your favorite subject / at school?
B: Math. / It's the most interesting subject / for me.
A: 好きな教科は何ですか / 学校で / *B:* 数学です / 最もおもしろい教科です / 私にとって

2
Risa is not good at science.
Risa は理科が得意ではないです

3
A: Is Anna at school today?
B: Yes. / I saw her / five minutes ago.
A: Anna は今日学校にいるかな / *B:* うん / 彼女を見たよ / 5 分前に

4
Anna, / how long will you study / in Boston?
Anna / いつまで勉強するつもりですか / ボストンでは

5
At lunchtime, / Amy enjoys talking / with her friends / in the cafeteria.
昼食の時間に / Amy は話すのを楽しみます / 友達と / カフェテリアで

6
I became good friends / with Maria / in high school.
私は仲良くなりました / Maria と / 高校で

7
Risa's school had / an English speech contest / today.
She was happy / because she did very well.
Risa の学校ではありました / 英語のスピーチコンテストが / 今日 / 彼女は幸せでした / とてもよくできたので

8
The teachers at my school / had a meeting / today.
They talked about the sports event.
私の学校の先生たちは / 会議がありました / 今日 / 彼らはスポーツ大会について話しました

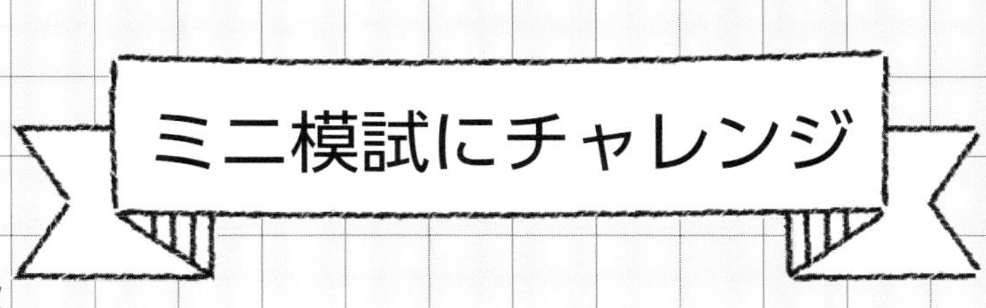

問題 1

15

英文と質問を聞き、その答えとして最も適切なものを **1, 2, 3, 4** の中から一つ選びなさい。

No. 1

1 Watch a movie.
2 Go to watch a basketball game.
3 Visit a classmate's house.
4 Buy a ticket to a show.

No. 2

1 Science.
2 Math.
3 English.
4 History.

No. 3

1 A trip to the park.
2 A lunch box.
3 A new hat.
4 Today's weather.

No. 4

1 Traveling to new places.
2 Learning about history.
3 Visiting old places.
4 Reading about the Internet.

No. 5

1 Go to class early.
2 Talk about their favorite book.
3 Buy a notebook.
4 Bring a book to school.

自信度チェック

	No. 1	*No. 2*	*No. 3*	*No. 4*	*No. 5*
1 回目					
2 回目					
3 回目					

◎ 全部聞き取れた
○ なんとなく聞き取れた
△ 聞き取れなかった

次の *(1)* から *(8)* までの（　　）に入れるのに最も適切なものを **1, 2, 3, 4** の中から一つ選び、その番号を答えなさい。

(1) ***A:*** What is your (　　) subject at school?
B: Math. It's the most interesting subject for me.
1 rich　**2** expensive　**3** social　**4** favorite

(2) Risa is not good (　　) science.
1 on　**2** at　**3** from　**4** under

(3) ***A:*** Is Anna at school today?
B: Yes. I (　　) her five minutes ago.
1 saw　**2** made　**3** began　**4** woke

(4) Anna, (　　) long will you study in Boston?
1 which　**2** when　**3** who　**4** how

(5) At lunchtime, Amy enjoys (　　) with her friends in the cafeteria.
1 talk　**2** to talk　**3** talking　**4** took

(6) I (　　) good friends with Maria in high school.
1 became　**2** rode　**3** understood　**4** swam

(7) Risa's school had an English speech (　　) today. She was happy because she did very well.
1 dictionary　**2** schoolyard　**3** eraser　**4** contest

(8) The teachers at my school had a (　　) today. They talked about the sports event.
1 language　**2** meeting　**3** corner　**4** subway

1. 文を読んで意味を確認しましょう。ここではまだ文を暗記しなくても大丈夫(だいじょうぶ)。
2. ページの下を見て単語の意味を覚えましょう。

5 ***A:*** What time are you going to leave home today?
B: Around nine.

A: 今日は何時に家を出る予定ですか？
B: 9時ごろです。

6 ***A:*** Excuse me. Where is Tokyo Station?
B: Just around the corner. I'll show you.

A: すみません。東京駅はどこですか？
B: すぐそこです。ご案内します。

7 There are many places to visit in London.

ロンドンには訪れるべきたくさんの場所があります。

8 There's a large park near Risa's house.
It has a pool, some tennis courts, and a zoo.

Risa の家の近くに大きな公園があります。その公園にはプールといくつかのテニスコート、動物園があります。

5
- ☐ **what time** 何時に
- ☐ **be going to ~** ～する予定だ
- ☐ **leave** 出発する

6
- ☐ **just around the corner** すぐそこ
- ☐ **I'll show you.** ご案内します。

7
- ☐ **place** 場所
- ☐ **visit** 訪れる

8
- ☐ **large** 大きな
- ☐ **near** 近くに
- ☐ **tennis court** テニスコート
- ☐ **zoo** 動物園

Step 2 スラッシュリーディングと音読トレーニング

取り組み方は 9 ページを見てください。

1

A: How do I get to your house, Risa?
B: Oh, it's easy. / I'll draw a map / for you.

A: あなたの家までどのように行けばいいかな、Risa / *B:* あら、簡単よ / 地図を描(か)くね / あなたのために

2

Ken went to the post office / to buy some stamps / and send a letter.

Ken は郵便局へ行きました / 切手を買うために / そして手紙を送るために

3

A: How did you come / to the park / today?
B: I rode my bike.

A: どうやって来ましたか / 公園まで / 今日は / *B:* 自転車に乗りました

4

Can you tell me the way / to the museum?

道のりを私に教えてくれますか / 美術館までの

5

A: What time / are you going to leave home / today?
B: Around nine.

A: 何時に / 家を出る予定ですか / 今日は / *B:* 9時ごろです

6

A: Excuse me. / Where is Tokyo Station?
B: Just around the corner. / I'll show you.

A: すみません / 東京駅はどこですか / *B:* すぐそこです / ご案内します

7

There are many places / to visit / in London.

たくさんの場所があります / 訪れるべき / ロンドンには

8

There's a large park / near Risa's house.
It has a pool, / some tennis courts, / and a zoo.

大きな公園があります / Risa の家の近くに / その公園にはプールがあります / いくつかのテニスコートと / 動物園が

ミニ模試にチャレンジ

問題 1

20

イラストを参考にしながら対話と応答を聞き、最も適切な応答を **1**, **2**, **3** の中から一つ選びなさい。

No. 1

No. 2

No. 3

No. 4

No. 5

自信度チェック

	No. 1	*No. 2*	*No. 3*	*No. 4*	*No. 5*
1回目					
2回目					
3回目					

◎ 全部聞き取れた
○ なんとなく聞き取れた
△ 聞き取れなかった

次の *(1)* から *(8)* までの（　　）に入れるのに最も適切なものを **1, 2, 3, 4** の中から一つ選び、その番号を答えなさい。

(1) ***A:*** How do I get to your house, Risa?
B: Oh, it's easy. I'll (　　) a map for you.
1 go　**2** draw　**3** wake　**4** hear

(2) Ken (　　) to the post office to buy some stamps and send a letter.
1 visited　**2** talked　**3** went　**4** played

(3) ***A:*** How did you come to the (　　) today?
B: I rode my bike.
1 breakfast　**2** animal　**3** driver　**4** park

(4) Can you tell me the (　　) to the museum?
1 way　**2** hour　**3** room　**4** concert

(5) ***A:*** What time are you going (　　) home today?
B: Around nine.
1 left　**2** leave　**3** leaving　**4** to leave

(6) ***A:*** Excuse me. Where is Tokyo Station?
B: Just around the (　　). I'll show you.
1 baseball　**2** bus　**3** store　**4** corner

(7) There (　　) many places to visit in London.
1 be　**2** are　**3** being　**4** is

(8) There's a (　　) park near Risa's house. It has a pool, some tennis courts, and a zoo.
1 slow　**2** short　**3** late　**4** large

次の掲示の内容に関して、下の質問に対する答えとして最も適切なものを **1, 2, 3, 4** の中から一つ選び、その番号を答えなさい。

Green Tree Restaurant
We're open from Monday to Saturday
from 10:00 a.m. to 8:00 p.m.

Weekday Specials

Ham and lettuce sandwich with soup	$10
Fried chicken and salad	$15

Today's Specials

Cheeseburger and French fries	$9
Green salad with tomato soup	$7

We will be open from 8:00 a.m. to 10:00 p.m. on August 10
for the Green Village Summer Festival.

What time will Green Tree Restaurant open on August 10?

1 At 8:00 a.m.
2 At 10:00 a.m.
3 At 8:00 p.m.
4 At 10:00 p.m.

自信度チェック

	問題2								問題3
	(1)	*(2)*	*(3)*	*(4)*	*(5)*	*(6)*	*(7)*	*(8)*	
1 回目									
2 回目									
3 回目									

問題2　◎ 単語の意味が全部わかる　○ わからない単語がある　△ 自信がない
問題3　◎ 内容が全部わかる　○ なんとなくわかる　△ 自信がない

買い物

1 場面で覚えよう 21

場面を思いうかべながら、音読練習をしましょう。
親子で★と☆を交替（こうたい）して、スムーズに言えるようになるまで練習します。

1

★ I'd like to buy some cupcakes.

☆ How many do you need?

★ いくつかカップケーキを買いたいです。
☆ いくつ必要ですか？

2

☆ Rick, what would you like for dinner tonight?

★ How about beef and potatoes?

☆ Rick、今日の夕食は何がいい？
★ 牛肉とポテトはどう？

子どものための豆知識　～まずは音を覚えよう～

「英語学習をスタートする」のであれば、まずは英語を読んだり書いたりする練習から、という指導（しどう）を受けた人もいるかもしれません。しかし、小学生のみなさんには「まずは音を覚える」ことをおすすめします。この本でも、ネイティブの音を「聞こえてきた通りに真似（まね）る」というトレーニングを大事にしています。発音できない音は聞き取れないからです。

3

★ I'll buy some soup and a salad for lunch. Are you hungry?

☆ No, I'm not.

★ お昼ご飯にスープとサラダを買うつもりです。お腹はすいていますか？

☆ いいえ、すいていません。

4

★ I went to the park with my brother yesterday.
What did you do, Risa?

☆ I went shopping with my mother.

★ 昨日弟と公園に行ったよ。
きみは何をしたの、Risa？

☆ お母さんと買い物に行ったよ。

5

★ Ken, your soccer uniform is too small for you.

☆ Yes. I think so, too.

★ Ken、あなたのサッカーユニフォームは小さすぎるわね。

☆ うん。ぼくもそう思うよ。

大人のための豆知識　～なぜ資格試験なのか？　その５～

大学入試に英検や TOEIC が使える場合があります。また、大学入学後も教養科目の英語で「TOEIC 730 点で 2 単位」など、TOEIC のスコアがあれば履修登録のみで単位が付与されるところもあります。ただし TOEIC は、受験の申込期日が受験日の約 2 か月前、スコアシートが届くのは受験してから約 1 か月後です。履修登録に間に合うように、高校時代に TOEIC を取得しておく必要があるかもしれません。

英語表現を身につけよう

Step 1 例文と意味を確認

1 ***A:*** Excuse me. An apple juice, please.
B: Sure. Big or small?

A: すみません。りんごジュースを１つお願いします。

B: はい。大きいのか小さいの、どちらですか？

2 We went to the movie theater early to buy popcorn and drinks.

私たちはポップコーンと飲み物を買うために早めに映画館へ行きました。

3 My mother uses her car to go shopping on weekends.

母は毎週末買い物に行くために車を使います。

4 ***A:*** How much is this pen?
B: It's a hundred yen.

A: このペンはいくらですか？

B: 100 円です。

単語の意味を覚えよう

1 □ Excuse me. すみません。
2 □ movie theater 映画館
□ buy 買う
3 □ use 使う
□ on weekends 毎週末に

1. 文を読んで意味を確認しましょう。ここではまだ文を暗記しなくても大丈夫（だいじょうぶ）。
2. ページの下を見て単語の意味を覚えましょう。

5 I often go shopping at the supermarket near the station.

私は駅の近くのスーパーマーケットによく買い物に行きます。

6 ***A:*** This skirt is too big for me.
B: OK. I'll go and find a smaller one.

A: このスカートは私には大きすぎます。
B: わかりました。もっと小さいのを見つけに行きます。

7 ***A:*** Can I have an extra bag?
B: Sure. Here you are.

A: １つ余分にふくろをもらえますか？
B: もちろんです。どうぞ。

8 The supermarket is big.
It has food from all over the world.

そのスーパーマーケットは大きいです。世界各地からの食べ物があります。

5 □ station 駅
6 □ skirt スカート
□ too ~ for ... …には～すぎる
□ find 見つける
7 □ extra 余分の
8 □ food 食べ物
□ all over the world 世界中に

Step 2 スラッシュリーディングと音読トレーニング

取り組み方は９ページを見てください。

1

A: Excuse me. / An apple juice, please.

B: Sure. / Big or small?

A: すみません / りんごジュースを１つお願いします / B: はい / 大きいのか小さいの、どちらですか

2

We went to the movie theater / early / to buy popcorn and drinks.

私たちは映画館へ行きました / 早めに / ポップコーンと飲み物を買うために

3

My mother uses her car / to go shopping on weekends.

母は車を使います / 毎週末買い物に行くために

4

A: How much is this pen?

B: It's a hundred yen.

A: このペンはいくらですか / B: 100円です

5

I often go shopping / at the supermarket / near the station.

私はよく買い物に行きます / スーパーマーケットに / 駅の近くの

6

A: This skirt is too big / for me.

B: OK. / I'll go and find / a smaller one.

A: このスカートは大きすぎます / 私には / B: わかりました / 見つけに行きます / もっと小さいのを

7

A: Can I have / an extra bag?

B: Sure. / Here you are.

A: もらえますか / １つ余分にふくろを / B: もちろんです / どうぞ

8

The supermarket is big. / It has food / from all over the world.

そのスーパーマーケットは大きいです / 食べ物があります / 世界各地からの

ミニ模試にチャレンジ

問題 1

25

対話と質問を聞き、その答えとして最も適切なものを **1, 2, 3, 4** の中から一つ選びなさい。

No. 1

1 At school.
2 At the bakery.
3 At home.
4 At the hospital.

No. 2

1 Wait for a train.
2 Take a shower.
3 Take a walk.
4 Buy some meat.

No. 3

1 Some sandwiches.
2 A piece of cake.
3 A salad.
4 Some soup.

No. 4

1 She went for a run.
2 She cleaned her room.
3 She went shopping.
4 She read some books.

No. 5

1 Cook dinner for her son.
2 Watch a baseball game.
3 Look for a new house.
4 Buy her son a soccer uniform.

自信度チェック

	No. 1	*No. 2*	*No. 3*	*No. 4*	*No. 5*
1 回目					
2 回目					
3 回目					

◎ 全部聞き取れた
○ なんとなく聞き取れた
△ 聞き取れなかった

問題 2

次の *(1)* から *(8)* までの（　　）に入れるのに最も適切なものを **1, 2, 3, 4** の中から一つ選び、その番号を答えなさい。

(1) ***A:*** Excuse me. An apple juice, please.
B: Sure. Big or (　　)?
1 free　**2** soft　**3** full　**4** small

(2) We went to the movie theater early to (　　) popcorn and drinks.
1 read　**2** buy　**3** meet　**4** see

(3) My mother (　　) her car to go shopping on weekends.
1 using　**2** use　**3** to use　**4** uses

(4) ***A:*** How (　　) is this pen?
B: It's a hundred yen.
1 much　**2** old　**3** soon　**4** well

(5) I often go shopping at the supermarket (　　) the station.
1 for　**2** near　**3** with　**4** after

(6) ***A:*** This skirt is too big for me.
B: OK. I'll go and (　　) a smaller one.
1 play　**2** live　**3** visit　**4** find

(7) ***A:*** Can I have an extra (　　)?
B: Sure. Here you are.
1 bank　**2** water　**3** bag　**4** shop

(8) The supermarket is big. It has food from all (　　) the world.
1 at　**2** in　**3** under　**4** over

1. 文を読んで意味を確認しましょう。ここではまだ文を暗記しなくても大丈夫。
2. ページの下を見て単語の意味を覚えましょう。

5

A: Mr. Johnson, can I ask you a question about our homework?
B: Sure, Risa.

A: Johnson 先生、宿題について質問していいですか？
B: もちろんです、Risa。

6

Amy's Japanese teacher gave her a lot of homework yesterday.
Amy had a hard time because it was difficult.

Amy の日本語の先生は昨日彼女にたくさんの宿題を与えました。Amy は宿題が難しかったので苦労しました。

7

A: Tom, let's stop studying and watch TV!
B: Sure. That's a good idea.

A: Tom、勉強をやめてテレビを見よう！
B: もちろん。いい考えだね。

8

A: I don't understand my math homework. Will you help me?
B: No problem. Let's do it together.

A: 数学の宿題が理解できません。手伝ってくれますか？
B: 問題ないです。いっしょにやりましょう。

5 □ **ask ~ a question about ...** ~に…について質問する

6 □ **have a hard time** 苦労する
過 **had a hard time** 苦労した

7 □ **stop ~ing** ~するのをやめる

8 □ **understand** 理解する
□ **No problem.** 問題ないです。
□ **together** いっしょに

Step 2 スラッシュリーディングと音読トレーニング

取り組み方は 9 ページを見てください。

1

A: This science question / is very difficult.
Let's ask Anna for help.
B: Good idea. / She's good at science.

A: この理科の問題は / とても難しいね / Anna に手伝いをたのもう / *B:* いい考えね / 彼女は理科が得意よ

2

I have to write a report / about William Shakespeare / for English class.

私はレポートを書かなければなりません / ウィリアム・シェークスピアについての / 英語の授業で

3

Please show me / your math notebook.

見せてください / あなたの数学のノートを

4

A: I can't finish my homework. / It's too difficult.
B: Don't worry. / I can help you.

A: 宿題が終わりません / 難しすぎます / *B:* 心配しないで / 私が手伝います

5

A: Mr. Johnson, / can I ask you a question / about our homework?
B: Sure, Risa.

A: Johnson 先生 / 質問していいですか / 宿題について / *B:* もちろんです、Risa

6

Amy's Japanese teacher / gave her a lot of homework / yesterday. / Amy had a hard time / because it was difficult.

Amy の日本語の先生は / 彼女にたくさんの宿題を与えました / 昨日 / Amy は苦労しました / 宿題が難しかったので

7

A: Tom, let's stop studying / and watch TV.
B: Sure. / That's a good idea.

A: Tom、勉強をやめて / テレビを見よう / *B:* もちろん / いい考えだね

8

A: I don't understand / my math homework.
Will you help me?
B: No problem. / Let's do it together.

A: 理解できません / 数学の宿題が / 手伝ってくれますか / *B:* 問題ないです / いっしょにやりましょう

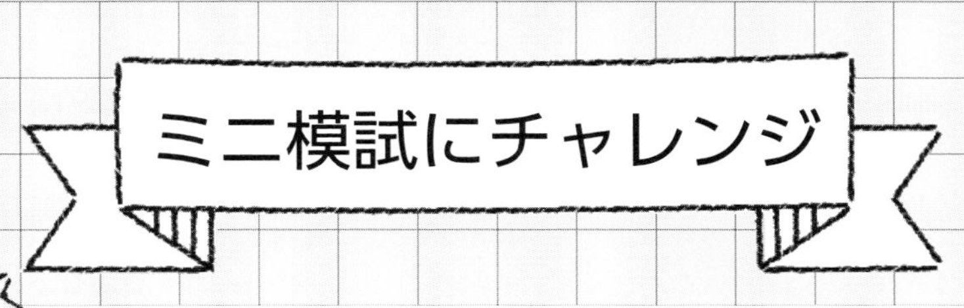

問題 1

30

英文と質問を聞き、その答えとして最も適切なものを **1, 2, 3, 4** の中から一つ選びなさい。

No. 1

1 Taking a bath.
2 Having dinner.
3 Reading a book.
4 Calling with a friend.

No. 2

1 A doctor.
2 A teacher.
3 An artist.
4 A salesclerk.

No. 3

1 Write a report.
2 Go to school.
3 Play baseball.
4 Buy a notebook.

No. 4

1 Because she cooked breakfast.
2 Because she had a headache.
3 Because she played volleyball.
4 Because she had a lot of homework.

No. 5

1 Go to see a musical.
2 Write a report.
3 Get a present.
4 Buy some tickets.

自信度チェック

	No. 1	*No. 2*	*No. 3*	*No. 4*	*No. 5*
1 回目					
2 回目					
3 回目					

◎ 全部聞き取れた
○ なんとなく聞き取れた
△ 聞き取れなかった

次の *(1)* から *(8)* までの（　　）に入れるのに最も適切なものを **1, 2, 3, 4** の中から一つ選び、その番号を答えなさい。

(1) ***A:*** This science question is very (　　). Let's ask Anna for help.
B: Good idea. She's good at science.
1 expensive　**2** rich　**3** difficult　**4** careful

(2) I have to (　　) a report about William Shakespeare for English class.
1 draw　**2** write　**3** stay　**4** leave

(3) Please show me (　　) math notebook.
1 your　**2** you　**3** yours　**4** yourself

(4) ***A:*** I can't finish my homework. It's too difficult.
B: Don't worry. I (　　) help you.
1 can　**2** be　**3** have　**4** does

(5) ***A:*** Mr. Johnson, can I (　　) you a question about our homework?
B: Sure, Risa.
1 ask　**2** clean　**3** know　**4** wait

(6) Amy's Japanese teacher (　　) her a lot of homework yesterday. Amy had a hard time because it was difficult.
1 give　**2** to give　**3** giving　**4** gave

(7) ***A:*** Tom, let's stop studying and watch TV.
B: Sure. That's a (　　) idea.
1 long　**2** large　**3** good　**4** busy

(8) ***A:*** I don't (　　) my math homework. Will you help me?
B: No problem. Let's do it together.
1 understand　**2** understood
3 to understand　**4** understanding

次のＥメールの内容に関して、下の質問に対する答えとして最も適切なものを **1, 2, 3, 4** の中から一つ選び、その番号を答えなさい。

From: Patrick Donovan
To: Ben Clerk
Date: July 10
Subject: Homework

Dear Ben,
I have a question about today's science homework. We have to read a textbook and write a report, right? Do you know the pages? I forgot to take notes.
I'll call you at 7:00 p.m. after you finish the baseball practice and get home.
Thanks,
Patrick

Patrick didn't know the pages because

1 he didn't go to school today.
2 he forgot to take notes.
3 he didn't have a textbook today.
4 he lost his textbook.

自信度チェック

	問題2								問題3
	(1)	*(2)*	*(3)*	*(4)*	*(5)*	*(6)*	*(7)*	*(8)*	
1 回目									
2 回目									
3 回目									

問題2　◎ 単語の意味が全部わかる　○ わからない単語がある　△ 自信がない
問題3　◎ 内容が全部わかる　○ なんとなくわかる　△ 自信がない

部活・習い事

1 場面で覚えよう 31

場面を思いうかべながら、音読練習をしましょう。
親子で★と☆を交替(こうたい)して、スムーズに言えるようになるまで練習します。

1

★ You speak English well.
☆ Thank you.
I belong to an English club.
★ When did you start learning it?

★ あなたは英語を上手に話しますね。
☆ ありがとう。英語部に入っています。
★ いつ学び始めたのですか？

2

★ Are you in the brass band club?
☆ Yes, I am.
★ Do you play in concerts?

★ あなたは吹奏楽部(すいそうがく)ですか？
☆ はい、そうです。
★ コンサートで演奏しますか？

子どものための豆知識　～「チャッコレッ」って何？ その1～

この本の「仕上げの模試」を作ってくれた江藤(えとう)さんのお話です。江藤さんはアメリカと日本、両方の学校に通った経験があります。あるとき日本語の作文で「チャッコレッを食べました」と書いたら、先生に不思議な顔をされたそうです。「チャッコレッ」って何でしょう？ 江藤さんが書きたかったのは chocolate のこと。カタカナにするとチョコレートだし、じゃんけんグリコという遊びではチヨコレイトですよね。しかし、確かに英語では「チャッコレッ」に聞こえます。

3

☆ This is so exciting.

★ Do you like playing in basketball games?

☆ Of course. Oh, it's my turn!

☆ とてもワクワクします。

★ バスケットボールの試合に出るのは好きですか？

☆ もちろん。あ、私の番です！

4

☆ Hi, Tom.

★ Hi.
Do you want to play baseball?

☆ Sorry, I need to do my homework.

☆ こんにちは、Tom。

★ やあ。きみも野球をしたい？

☆ ごめん、宿題をしなくちゃいけないの。

5

★ Hi, Anna.

☆ Hello, Mr. Johnson.

★ Are you going home?

★ やあ、Anna。

☆ こんにちは、Johnson 先生。

★ 家に帰るところですか？

大人のための豆知識　～英検と TOEIC、どっち？　その２～

履歴書に TOEIC 600 点を書く必要があるのに「まずは英検から」と英検を受ける方はいないでしょうし、低学年の子に対して、英検より先に TOEIC を受験させる方もいないでしょう。なぜなら TOEIC はビジネス英語。日本語でビジネス関連の単語や事柄が理解できなければ、当然ながら高得点は難しいのです。

英語表現を身につけよう

Step 1 例文と意味を確認

1 ***A:*** I have some good news, Mom. I'm going to play in a big soccer game next week.
B: Really? Good for you!

A: いいニュースがあるよ、お母さん。来週サッカーの大きい試合に出る予定なんだ。
B: 本当なの？ よかったね！

2 My brother started taking golf lessons when he was seven years old.

私の兄は７歳(さい)のときにゴルフのレッスンを受け始めました。

3 Risa likes playing the piano.
She is a member of the music club.

Risa はピアノを弾(ひ)くのが好きです。彼女は音楽部の一員です。

4 Rick is good at tennis.
He plays tennis every weekend.

Rick はテニスが上手です。彼は毎週末テニスをします。

単語の意味を覚えよう

1
- ☐ news ニュース
- ☐ game 試合、ゲーム
- ☐ Good for you. よかったね。

2
- ☐ take a lesson レッスンを受ける

3
- ☐ a member of ~ ～の一員
- ☐ music 音楽
- ☐ club 部、クラブ

4
- ☐ every weekend 毎週末

1. 文を読んで意味を確認しましょう。ここではまだ文を暗記しなくても大丈夫。
2. ページの下を見て単語の意味を覚えましょう。

5

A: Do you play the guitar, Naomi?
B: Yes, I do. I have music lessons once a week.

A: ギターを弾きますか、Naomi？
B: はい、弾きます。週に 1 度音楽のレッスンがあります。

6

A: Is there a swimming pool at your school, Maria?
B: Yes. I belong to the swimming club.

A: あなたの学校にプールはあるの、Maria？
B: うん。私は水泳部に所属しているよ。

7

A: Risa, the basketball game is next month. Practice will be after school on Mondays through Fridays.
B: OK, I'll be there, Mr. Johnson.

A: Risa、バスケットボールの試合は来月です。練習は月曜日から金曜日の放課後にあるでしょう。
B: わかりました、行きますよ、Johnson 先生。

8

The photography club members are looking for volunteers to clean up Sunrise Park.

写真部の部員はサンライズ公園をきれいにするためにボランティアを探しています。

5
- □ have a lesson　レッスンがある
- □ once a week　週に 1 度

6
- □ swimming pool　(水泳用の)プール
- □ belong to ～　～に所属する

7
- □ practice　練習
- □ after school　放課後

8
- □ photography　写真
- □ member　部員、メンバー
- □ look for ～　～を探す
- □ volunteer　ボランティア
- □ clean up　きれいにする、片付ける

Step 2　スラッシュリーディングと音読トレーニング

取り組み方は 9 ページを見てください。

1

A: I have some good news, Mom.
I'm going to play / in a big soccer game / next week.

B: Really? / Good for you!

A: いいニュースがあるよ、お母さん / 出る予定なんだ / サッカーの大きい試合に / 来週
B: 本当なの / よかったね

2

My brother started / taking golf lessons / when he was seven years old.

私の兄は始めました / ゴルフのレッスンを受け / 7 歳のときに

3

Risa likes playing / the piano.
She is a member / of the music club.

Risa は弾くのが好きです / ピアノを / 彼女は一員です / 音楽部の

4

Rick is good at tennis. / He plays tennis / every weekend.

Rick はテニスが上手です / 彼はテニスをします / 毎週末

5

A: Do you play the guitar, Naomi?

B: Yes, I do. / I have music lessons / once a week.

A: ギターを弾きますか、Naomi / *B:* はい、弾きます / 音楽のレッスンがあります / 週に 1 度

6

A: Is there a swimming pool / at your school, / Maria?

B: Yes. / I belong to / the swimming club.

A: プールはあるの / あなたの学校に / Maria / *B:* うん / 私は所属しているよ / 水泳部に

7

A: Risa, / the basketball game is / next month. / Practice will be / after school / on Mondays through Fridays.

B: OK, / I'll be there, / Mr. Johnson.

A: Risa / バスケットボールの試合は / 来月です / 練習はあるでしょう / 放課後に / 月曜日から金曜日の / *B:* わかりました / 行きますよ / Johnson 先生

8

The photography club members / are looking for volunteers / to clean up Sunrise Park.

写真部の部員は / ボランティアを探しています / サンライズ公園をきれいにするために

ミニ模試にチャレンジ

問題 1

35

イラストを参考にしながら対話と応答を聞き、その答えとして最も適切な応答を **1**, **2**, **3** の中から一つ選びなさい。

No. 1

No. 2

No. 3

No. 4

No. 5

自信度チェック

	No. 1	*No. 2*	*No. 3*	*No. 4*	*No. 5*
1 回目					
2 回目					
3 回目					

◎ 全部聞き取れた
○ なんとなく聞き取れた
△ 聞き取れなかった

次の *(1)* から *(8)* までの（　　）に入れるのに最も適切なものを **1, 2, 3, 4** の中から一つ選び、その番号を答えなさい。

(1) *A:* I (　　) some good news, Mom. I'm going to play in a big soccer game next week.
B: Really? Good for you!
1 stay　**2** speak　**3** have　**4** take

(2) My brother (　　) taking golf lessons when he was seven years old.
1 talked　**2** started　**3** bought　**4** waited

(3) Risa likes playing the piano. She is a (　　) of the music club.
1 ticket　**2** concert　**3** movie　**4** member

(4) Rick is (　　) at tennis. He plays tennis every weekend.
1 good　**2** healthy　**3** interested　**4** long

(5) *A:* Do you (　　) the guitar, Naomi?
B: Yes, I do. I have music lessons once a week.
1 play　**2** playing　**3** played　**4** plays

(6) *A:* (　　) there a swimming pool at your school, Maria?
B: Yes. I belong to the swimming club.
1 Are　**2** Is　**3** Do　**4** Does

(7) *A:* Risa, the basketball game is next month. Practice will be after school (　　) Mondays through Fridays.
B: OK, I'll be there, Mr. Johnson.
1 on　**2** into　**3** at　**4** with

(8) The photography club members are (　　) for volunteers to clean up Sunrise Park.
1 singing　**2** saying　**3** leaving　**4** looking

次のＥメールの内容に関して、下の質問に対する答えとして最も適切なものを **1, 2, 3, 4** の中から一つ選び、その番号を答えなさい。

From: Caroline Smith
To: Hanako Saito
Date: April 14
Subject: The school festival

Dear Hanako,
How are you doing? How is your new school? I started high school this month. I'm in a drama club. I go to practice on Mondays, Wednesdays, and Fridays. I enjoy acting, so I really like the club. I will perform Romeo and Juliet at the school festival in September. Can you come?
Best wishes,
Caroline

How often does Caroline practice drama?

1 Once a week.

2 Twice a week.

3 Three times a week.

4 Once a month.

自信度チェック

	問題2								問題3
	(1)	*(2)*	*(3)*	*(4)*	*(5)*	*(6)*	*(7)*	*(8)*	
１回目									
２回目									
３回目									

問題2 ◎ 単語の意味が全部わかる　○ わからない単語がある　△ 自信がない
問題3 ◎ 内容が全部わかる　○ なんとなくわかる　△ 自信がない

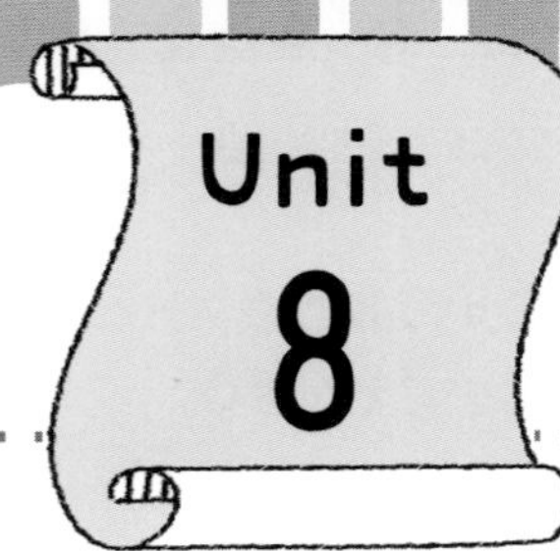

お手伝い

1 場面で覚えよう 36

場面を思いうかべながら、音読練習をしましょう。
親子で★と☆を交替(こうたい)して、スムーズに言えるようになるまで練習します。

1

☆ I'm making spaghetti and meatballs for dinner.

★ May I help you?

☆ 夕食にスパゲッティミートボールを作っているの。

★ 手伝おうか？

2

★ Good morning.

☆ You woke up early today, Ken.

★ おはよう。

☆ 今日は早起きね、Ken。

子どものための豆知識　～「チャッコレッ」って何？　その2～

英語を話すときは、カタカナ英語に引きずられずに、聞こえてきた通りに発音する、というのが大事です。chocolate の音は「チョコレート」でも「チヨコレイト」でもなく、「チャッコレッ」に近いものです。これを「音と文字の一致(いっち)」と言います。音と文字をしっかり合わせることで、英語力はぐんとアップします。

3

★ How was your weekend, Risa?

☆ Not so good.
My mom was sick, so I made some rice balls for my family.

★ 週末はどうだった、Risa？

☆ あまりよくなかったわ。お母さんが体調不良だったから、家族に何個かおにぎりを作ったの。

4

★ Can we have steak for dinner tonight?

☆ OK, let's make it.
Can you go to the supermarket and buy the meat?

★ 今夜の夕食にステーキはどう？

☆ うん、作ろう。スーパーマーケットに行って、お肉を買ってくれる？

5

☆ Are you going to the party tonight?

★ Yes, I am. Are you, Maria?

☆ 今夜パーティーに行く予定なの？

★ うん、行くよ。きみはどう、Maria？

大人のための豆知識　～英検と TOEIC、どっち？　その３～

英検は低年齢化が非常に進んでおり、10 年前と比べて、特に英検５級・４級では未就学児や低学年の受験生が圧倒的に増えました。中学生と混じって受験しなくてもよいように、部屋を分けている受験会場もあるほどです。小さなお子さまであれば、英検５級（その前に英検ジュニア）からスタートするのがよいでしょう。

② 英語表現を身につけよう

Step 1 例文と意味を確認

1

A: Ken, stop watching TV and clean your room!
B: OK, I will.

A: Ken、テレビを見るのをやめてあなたの部屋をそうじして！
B: わかった、やるよ。

2

A: Risa! Please answer the telephone.
I'm making dinner now.
B: Sure, Dad.

A: Risa！ 電話に出てよ。今夕食を作っているんだ。
B: いいよ、お父さん。

3

A: Can you help me with lunch, Ken?
B: Of course, Mom. What can I do for you?

A: 昼食のお手伝いをしてくれるかしら、Ken?
B: もちろん、お母さん。何をしたらいいかな？

4

Maria helped her father in the garden.
They worked very hard, so they were very tired.

Maria は庭で父を手伝いました。彼らは一生懸命(けんめい)働きました。だからとてもつかれました。

単語の意味を覚えよう

1
- □ clean そうじする
- □ room 部屋

2
- □ answer the telephone 電話に出る
- □ make dinner 夕食を作る

3
- □ help ~ with ... ～の…を手伝う
- □ of course もちろん
- □ What can I do for you? 何をしたらいいですか？ ご用件は？

4
- □ garden 庭
- □ work very hard 一生懸命(けんめい)働く

1. 文を読んで意味を確認しましょう。ここではまだ文を暗記しなくても大丈夫(だいじょうぶ)。
2. ページの下を見て単語の意味を覚えましょう。

5 ***A:*** I don't have time to wash the dishes.
B: Don't worry. I'll do it.

A: お皿を洗(あら)うための時間がないよ。

B: 心配しないで。ぼくがやるよ。

6 ***A:*** Why were you late for soccer practice?
B: Because I was helping my mother.

A: なぜサッカーの練習におくれたのですか？

B: 母を手伝っていたからです。

7 ***A:*** Ken, I'm not ready for Risa's birthday party. Can you help me?
B: Sure. No problem.

A: Ken、Risa の誕生日会の準備ができていないのよ。手伝ってくれる？

B: もちろん。問題ないよ。

8 Ken enjoys helping his father make dinner on weekends.

Ken は毎週末、夕食を作る父を手伝うのを楽しみます。

5
- □ have time 時間がある
- □ dish 皿

6
- □ why なぜ
- □ be late for ~ ~におくれる

7
- □ be ready for ~ ~の準備ができる
- □ birthday party 誕生日会

Step 2 スラッシュリーディングと音読トレーニング

取り組み方は 9 ページを見てください。

1

A: Ken, stop watching TV / and clean your room!
B: OK, I will.

A: Ken、テレビを見るのをやめて / あなたの部屋をそうじして / *B:* わかった、やるよ

2

A: Risa! / Please answer the telephone. / I'm making dinner now.
B: Sure, Dad.

A: Risa / 電話に出てよ / 今夕食を作っているんだ / *B:* いいよ、お父さん

3

A: Can you help me / with lunch, / Ken?
B: Of course, Mom. / What can I do for you?

A: お手伝いをしてくれるかしら / 昼食の / Ken / *B:* もちろん、お母さん / 何をしたらいいかな

4

Maria helped her father / in the garden.
They worked very hard, / so they were very tired.

Maria は父を手伝いました / 庭で / 彼らは一生懸命(けんめい)働きました / だからとてもつかれました

5

A: I don't have time / to wash the dishes.
B: Don't worry. / I'll do it.

A: 時間がないよ / お皿を洗(あら)うための / *B:* 心配しないで / ぼくがやるよ

6

A: Why were you late / for soccer practice?
B: Because I was helping / my mother.

A: なぜおくれたのですか / サッカーの練習に / *B:* 手伝っていたからです / 母を

7

A: Ken, / I'm not ready / for Risa's birthday party. Can you help me?
B: Sure. / No problem.

A: Ken / 準備ができていないのよ / Risa の誕生日会の / 手伝ってくれる
B: もちろん / 問題ないよ

8

Ken enjoys helping his father / make dinner / on weekends.

Ken は父を手伝うのを楽しみます / 夕食を作る / 毎週末

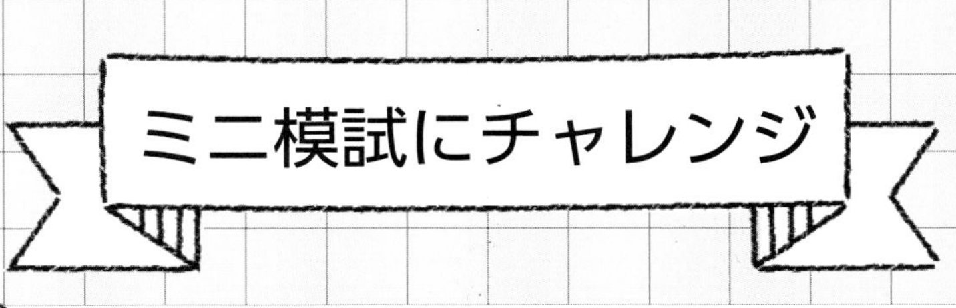

問題 1 (40)

対話と質問を聞き、その答えとして最も適切なものを **1, 2, 3, 4** の中から一つ選びなさい。

No. 1

1 Making dinner.
2 Watching TV.
3 Looking for a restaurant.
4 Studying in the library.

No. 2

1 Eat breakfast.
2 Take a shower.
3 Water the flowers.
4 Read a newspaper.

No. 3

1 Risa.
2 Risa's mother.
3 The boy.
4 The boy's mother.

No. 4

1 Pizza.
2 Steak.
3 Hamburger.
4 Spaghetti.

No. 5

1 The boy.
2 The boy's brother.
3 Maria.
4 Maria's brother.

自信度チェック

	No. 1	*No. 2*	*No. 3*	*No. 4*	*No. 5*
1回目					
2回目					
3回目					

◎ 全部聞き取れた
○ なんとなく聞き取れた
△ 聞き取れなかった

次の *(1)* から *(8)* までの (　　) に入れるのに最も適切なものを **1, 2, 3, 4** の中から一つ選び、その番号を答えなさい。

(1) ***A:*** Ken, stop watching TV and (　　) your room!
B: OK, I will.
1 meet　**2** clean　**3** buy　**4** go

(2) ***A:*** Risa! Please (　　) the telephone. I'm making dinner now.
B: Sure, Dad.
1 answer　**2** read　**3** run　**4** play

(3) ***A:*** Can you help me with lunch, Ken?
B: Of course, Mom. (　　) can I do for you?
1 What　**2** Who　**3** Whose　**4** Which

(4) Maria helped her father in the (　　). They worked very hard, so they were very tired.
1 garden　**2** uniform　**3** time　**4** weather

(5) ***A:*** I don't have time to wash the dishes.
B: Don't (　　). I'll do it.
1 wake　**2** draw　**3** worry　**4** like

(6) ***A:*** Why (　　) you late for the soccer practice?
B: Because I was helping my mother.
1 were　**2** was　**3** do　**4** does

(7) ***A:*** Ken, I'm not (　　) for Risa's birthday party. Can you help me?
B: Sure. No problem.
1 short　**2** warm　**3** favorite　**4** ready

(8) Ken enjoys (　　) his father make dinner on weekends.
1 helping　**2** helps　**3** helped　**4** help

次の英文の内容に関して、下の質問に対する答えとして最も適切なものを **1, 2, 3, 4** の中から一つ選び、その番号を答えなさい。

Jason's Summer Job

Jason is a high school student. Last summer, Jason wanted to buy a new computer, so he got a job for summer vacation. Every morning, he had to take newspapers to people's houses in the town. He had to wake up early in the morning, but he was very happy to get the job.

On the first day, the manager at the newspaper office said, "I'll help you today." They put newspapers outside people's houses together.

*manager : 店長

(1) Why did Jason get a job?

1 He wanted to buy a new computer.　**2** He wanted to go on a trip.

3 He wanted to buy some books.　**4** He wanted to take a class.

(2) What did Jason have to do in his job?

1 Make and sell some drinks.　**2** Clean people's houses.

3 Take newspapers to people's houses.　**4** Work at a supermarket.

自信度チェック

	問題2								問題3	
	(1)	*(2)*	*(3)*	*(4)*	*(5)*	*(6)*	*(7)*	*(8)*	*(1)*	*(2)*
1回目										
2回目										
3回目										

問題2　◎ 単語の意味が全部わかる　○ わからない単語がある　△ 自信がない

問題3　◎ 内容が全部わかる　○ なんとなくわかる　△ 自信がない

お出かけ

場面で覚えよう 41

場面を思いうかべながら、音読練習をしましょう。
親子で★と☆を交替して、スムーズに言えるようになるまで練習します。

1

☆ My favorite band will have a concert next month.
I'm going with my friend.

☆ 私のお気に入りのバンドが来月コンサートをします。私は友達と行く予定です。

2

★ Naomi and Rick are going to watch a movie tonight.
Naomi will work late, so Rick will wait for her at the movie theater.

★ Naomi と Rick は今夜映画を観に行く予定です。Naomi はおそくまで働くので、Rick は映画館で彼女を待つつもりです。

子どものための豆知識　～単語はミルフィーユで覚えよう～

「英単語がなかなか覚えられない」と思っていませんか？ でも、apple や Hello だったら、この本を読んでいるあなたも知っていると思います。英語で１、２、３と数えることもできるはず。それは「今まで何度もその単語にふれてきた」ということです。まずはくり返し覚えること。クリームやパイの層を重ねるお菓子のミルフィーユのように、単語の記憶を重ねましょう。

3

☆ Last weekend, Maria and I visited my grandmother. My grandmother made us a cake, and we ate it together.

☆ 先週末、Maria と私は祖母を訪ねました。祖母はケーキを作ってくれ、私たちはいっしょに食べました。

4

★ Tom usually cleans his room and plays tennis on Saturdays. But last Saturday, he studied for a test all day.

★ Tom はふだん土曜日に部屋のそうじをしてテニスをします。でも先週の土曜日は、一日中テストのために勉強しました。

5

☆ I like going to the botanical garden near my house. I can see many flowers and take pictures of them.

☆ 私は家の近くの植物園へ行くのが好きです。たくさんの花を見て、写真を撮(と)ることができます。

大人のための豆知識　～何歳から英語を始める？　その１～

何歳から学習をスタートするのがよいのか、というのは永遠のテーマですね。英語自体は、幼児から始めてよいと思います。実は私自身は、26 歳から英語学習を始めて、英検 1 級、TOEIC 990 点（満点）の英語力を身につけました。英語の教員免許を取りたくて大学に入り直したのは 40 歳のときです。

② 英語表現を身につけよう

Step 1 例文と意味を確認 42

1 ***A:*** Let's have a picnic in the park!
B: Good idea! It's sunny today.

A: 公園でピクニックをしよう！
B: いいアイデアだね！ 今日は晴れているよ。

2 ***A:*** Sorry, I'm late, Rick.
B: That's OK, Naomi. I only waited for five minutes.

A: おくれてごめんなさい、Rick。
B: 大丈夫(だいじょうぶ)だよ、Naomi。たった５分しか待っていないよ。

3 Next week, Risa will go to the park to see the cherry trees.

来週、Risa は桜を見るために公園に行くつもりです。

4 I went on a bus trip to Shizuoka last week.

私は先週静岡へバス旅行に行きました。

WORDS 単語の意味を覚えよう 43

1 □ picnic ピクニック
□ sunny 晴れている

2 □ I'm late. おくれます。
□ wait 待つ

3 □ cherry tree 桜

4 □ go on a bus trip to ~
～へバス旅行に行く
過 went on a bus trip to ~
～へバス旅行に行った

1. 文を読んで意味を確認しましょう。ここではまだ文を暗記しなくても大丈夫。
2. ページの下を見て単語の意味を覚えましょう。

5 The train will leave for Los Angeles at seven o'clock this evening.

その電車は今晩 7 時にロサンゼルスに向けて出発するでしょう。

6 *A:* When did you go to Hokkaido, Ken?
B: I went there three years ago.

A: いつ北海道に行ったの、Ken？
B: そこへは 3 年前に行ったよ。

7 My grandparents live by the lake and I often visit them during vacations.

私の祖父母は湖のそばに住んでいます。そして私は休みの間よく彼らを訪ねます。

8 Yesterday, I went fishing with my grandfather. I caught 10 fish.

昨日、私は祖父とつりに行きました。私は魚を 10 ぴきつりました。

5
- □ leave for ~ ～に向けて出発する
- □ at ~ o'clock ～時に

6
- □ ~ years ago ～年前に

7
- □ by ~ ～のそばに
- □ lake 湖
- □ during ~ ～の間
- □ vacation 休暇、休み

8
- □ go fishing with ~ ～とつりに行く
- 過 went fishing with ~ ～とつりに行った
- □ catch つる、つかまえる
- 過 caught つった、つかまえた
- □ fish 魚

Step 2 スラッシュリーディングと音読トレーニング

取り組み方は 9 ページを見てください。

1 ***A:*** Let's have a picnic / in the park!
B: Good idea! / It's sunny today.
A: ピクニックをしよう / 公園で / *B:* いいアイデアだね / 今日は晴れているよ

2 ***A:*** Sorry, I'm late, Rick.
B: That's OK, Naomi. / I only waited for five minutes.
A: おくれてごめんなさい、Rick / *B:* 大丈夫(だいじょうぶ)だよ、Naomi / たった 5 分しか待っていないよ

3 Next week, / Risa will go to the park / to see the cherry trees.
来週 / Risa は公園に行くつもりです / 桜を見るために

4 I went on a bus trip / to Shizuoka / last week.
私はバス旅行に行きました / 静岡へ / 先週

5 The train will leave for Los Angeles / at seven o'clock / this evening.
その電車はロサンゼルスに向けて出発するでしょう / 7 時に / 今晩

6 ***A:*** When did you go to Hokkaido, Ken?
B: I went there / three years ago.
A: いつ北海道に行ったの、Ken / *B:* そこへは行ったよ / 3 年前に

7 My grandparents live / by the lake / and I often visit them / during vacations.
私の祖父母は住んでいます / 湖のそばに / そして私はよく彼らを訪ねます / 休みの間

8 Yesterday, / I went fishing / with my grandfather. / I caught 10 fish.
昨日 / 私はつりに行きました / 祖父と / 私は魚を 10 ぴきつりました

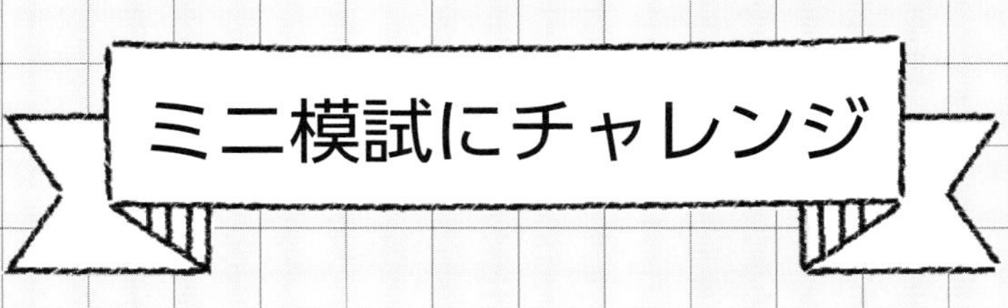

問題1 45

英文と質問を聞き、その答えとして最も適切なものを **1, 2, 3, 4** の中から一つ選びなさい。

No. 1

1 Go to the concert.
2 Read books.
3 Buy a new cat.
4 Visit some friends.

No. 2

1 At the library.
2 At the station.
3 At the movie theater.
4 At the school.

No. 3

1 Because she went to a zoo.
2 Because she won a tennis game.
3 Because she watched a good movie.
4 Because she ate her favorite food.

No. 4

1 He studied for a test.
2 He went shopping.
3 He visited the museum.
4 He played the piano.

No. 5

1 A hotel next to the beach.
2 A botanical garden near her house.
3 A tennis court in front of her school.
4 A library close to the station.

自信度チェック

	No. 1	*No. 2*	*No. 3*	*No. 4*	*No. 5*
1回目					
2回目					
3回目					

◎ 全部聞き取れた
○ なんとなく聞き取れた
△ 聞き取れなかった

次の *(1)* から *(8)* までの（　　）に入れるのに最も適切なものを **1, 2, 3, 4** の中から一つ選び、その番号を答えなさい。

(1) ***A:*** Let's (　　) a picnic in the park!
B: Good idea! It's sunny today.
1 have　**2** take　**3** get　**4** drink

(2) ***A:*** Sorry, I'm (　　), Rick.
B: That's OK, Naomi. I only waited for five minutes.
1 slow　**2** late　**3** long　**4** busy

(3) Next week, Risa will go to the park (　　) the cherry trees.
1 saw　**2** see　**3** sees　**4** to see

(4) I (　　) on a bus trip to Shizuoka last week.
1 go　**2** went　**3** goes　**4** will go

(5) The train will leave (　　) Los Angeles at seven o'clock this evening.
1 under　**2** with　**3** on　**4** for

(6) ***A:*** (　　) did you go to Hokkaido, Ken?
B: I went there three years ago.
1 Which　**2** Whose　**3** When　**4** Where

(7) My grandparents live (　　) the lake and I often visit them during vacations.
1 in　**2** close　**3** by　**4** to

(8) Yesterday, I went fishing with my grandfather. I (　　) 10 fish.
1 caught　**2** came　**3** slept　**4** said

次のＥメールの内容に関して、下の質問に対する答えとして最も適切なものを **1, 2, 3, 4** の中から一つ選び、その番号を答えなさい。

From: Alex Smith
To: Thomas Baxter
Date: December 10
Subject: Christmas Party

Dear Thomas,
Thank you for inviting me to your Christmas party. I am going to take the bus at 1:00. I'll get to your house at 1:30. Please tell me more about the party. How many people will come to the party? I'll make some cookies and bring them.
See you soon,
Alex

(1) What time will Thomas arrive at the party?

1 At 1:00. **2** At 1:30.
3 At 2:00. **4** At 3:00.

(2) Who will make some cookies for the party?

1 Alex. **2** Thomas.
3 Alex's sister. **4** Thomas' mother.

自信度チェック

	問題2								問題3	
	(1)	*(2)*	*(3)*	*(4)*	*(5)*	*(6)*	*(7)*	*(8)*	*(1)*	*(2)*
1回目										
2回目										
3回目										

問題2 ◎ 単語の意味が全部わかる ○ わからない単語がある △ 自信がない
問題3 ◎ 内容が全部わかる ○ なんとなくわかる △ 自信がない

休日

場面で覚えよう 46

場面を思いうかべながら、音読練習をしましょう。
親子で★と☆を交替(こうたい)して、スムーズに言えるようになるまで練習します。

1

★ Where are you going this weekend?

☆ To a river near our town.

★ What will you do there?

★ 今週末どこに行く予定なの？
☆ 街の近くの川へ。
★ そこで何をするつもりなの？

2

★ Hi, Risa.
How was your vacation?

☆ It was very nice.

★ Where did you go?

★ やあ、Risa。休暇(きゅうか)はどうだった？
☆ すごくよかったよ。
★ どこに行ったの？

子どものための豆知識　～魔法(まほう)なんてない～

「ねている間に英語を自然と覚えた」「英語を聞き流すだけでペラペラに」こんなことがあったらいいなと思いませんか？ でも、そんな魔法(まほう)はありません。もしあったら、外国語の習得に苦労する人なんていないはずです。あなたの周りに英語が得意な大人はいますか？ もしいたら聞いてみてください。例外なく大変な努力をして、英語を身につけているはずです。

3

☆ It's sunny and hot today.

★ Yes.
Let's go to the pool today!

☆ How do we get there?

☆ 今日は晴れていて暑いね。
★ うん。今日はプールに行こうよ！
☆ どうやってそこに行くの？

4

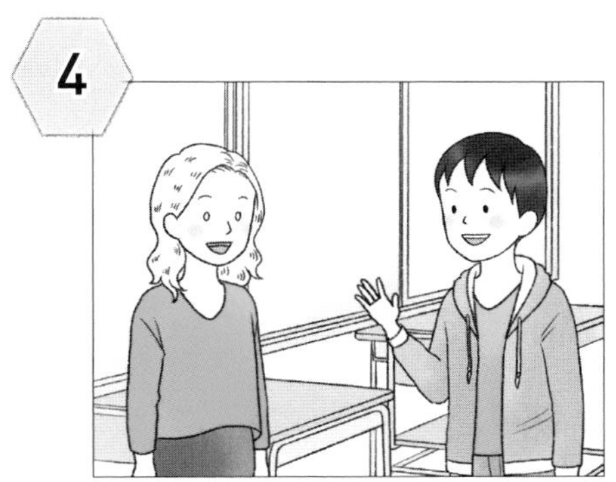

★ Let's play soccer on Sunday!

☆ Sure.

★ I'll meet you at the soccer field at 10:00.

★ 日曜日にサッカーをしようよ！
☆ いいよ。
★ サッカー場で 10 時に会おう。
※ 10:00 = ten

5

★ Are you doing anything this weekend?

☆ No. How about you?

★ I'm going to watch a movie.

★ 今週末何かするの？
☆ 何もしないよ。あなたはどう？
★ 映画を観る予定だよ。

大人のための豆知識　～英語は何歳から始める？　その２～

幼児から英語を始めた場合、「英語をやりたくない」とお子さまから言われてしまった、というお悩みが最も多く寄せられます。英語が嫌いになってしまうきっかけはさまざまですが、保護者のみなさまが「よかれと思って」やっていることが裏目に出てしまうと悲しいですね。まずは楽しく、歌や絵本などから始めてみるとよいと思います。

英語表現を身につけよう

Step 1 例文と意味を確認

1 I was practicing tennis with my friends on Sunday.

私は日曜日に友達とテニスの練習をしていました。

2 *A:* These cookies are for you, Dad.
I made them on Sunday.
B: Thank you.

A: これらのクッキーをどうぞ、お父さん。日曜日に作ったの。
B: ありがとう。

3 My brother and I play basketball in the gym every weekend.

兄と私は毎週末体育館でバスケットボールをします。

4 *A:* Are you a good badminton player, Ken?
B: No, I can't play badminton.
But I want to try it this weekend.

A: あなたはいいバドミントン選手ですか、Ken？
B: いいえ、バドミントンはできません。でも今週末やってみたいです。

単語の意味を覚えよう

1 □ be ~ing　~している
過 was / were ~ing　~していた

2 □ cookie　クッキー

3 □ in the gym　体育館で

4 □ badminton　バドミントン
□ player　選手
□ try　やってみる

1. 文を読んで意味を確認しましょう。ここではまだ文を暗記しなくても大丈夫(だいじょうぶ)。
2. ページの下を見て単語の意味を覚えましょう。

5
A: Does your grandmother often visit you?
B: Yes, she does. I see her every Sunday.

A: おばあさんはあなたをよく訪ねますか？
B: はい。毎週日曜日彼女に会います。

6
My uncle took me to a very popular museum last summer.

私のおじは昨年の夏とても人気のある美術館へ私を連れていってくれました。

7
A: Will you study with your friend next Sunday?
B: Yes, I will study with Anna.

A: 次の日曜日友達と勉強するつもりかい？
B: うん、Anna と勉強するつもりよ。

8
A: Can we go on a picnic next weekend?
B: Sure. I hope it will be a fine day.

A: 来週末ピクニックに行ってもいいかな？
B: もちろん。いい天気だといいね。

5
- □ grandmother　祖母、おばあさん
- □ see　会う

6
- □ take ~ to ...　…へ~を連れていく
- □ popular　人気のある
- □ last summer　昨年の夏

8
- □ go on a picnic　ピクニックに行く
- □ I hope ~　~と願う、~と望む
- □ a fine day　天気のいい日、いい天気

Step 2 スラッシュリーディングと音読トレーニング 49

取り組み方は 9 ページを見てください。

1 I was practicing tennis / with my friends / on Sunday.
私はテニスの練習をしていました / 友達と / 日曜日に

2 ***A:*** These cookies are for you, / Dad.
I made them on Sunday.
B: Thank you.
A: これらのクッキーをどうぞ / お父さん / 日曜日に作ったの / *B:* ありがとう

3 My brother and I / play basketball / in the gym / every weekend.
兄と私は / バスケットボールをします / 体育館で / 毎週末

4 ***A:*** Are you a good badminton player, / Ken?
B: No, I can't play badminton. / But I want to try it / this weekend.
A: あなたはいいバドミントン選手ですか / Ken / *B:* いいえ、バドミントンはできません / でもやってみたいです / 今週末

5 ***A:*** Does your grandmother / often visit you?
B: Yes, she does. / I see her every Sunday.
A: おばあさんは / あなたをよく訪ねますか / *B:* はい / 毎週日曜日彼女に会います

6 My uncle took me / to a very popular museum / last summer.
私のおじは私を連れていってくれました / とても人気のある美術館へ / 昨年の夏

7 ***A:*** Will you study with your friend / next Sunday?
B: Yes, / I will study with Anna.
A: 友達と勉強するつもりかい / 次の日曜日 / *B:* うん / Anna と勉強するつもりよ

8 ***A:*** Can we go on a picnic / next weekend?
B: Sure. / I hope it will be a fine day.
A: ピクニックに行ってもいいかな / 来週末 / *B:* もちろん / いい天気だといいね

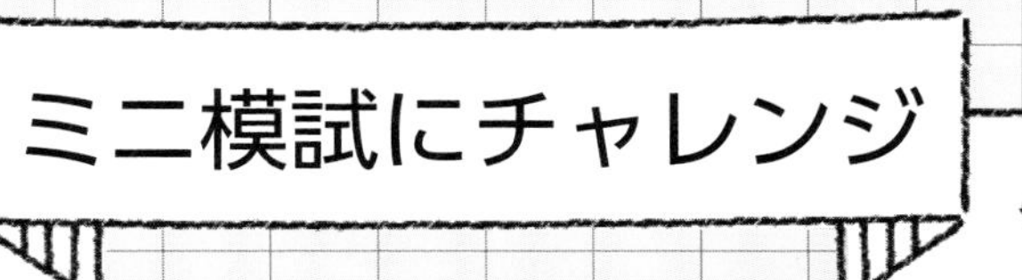

ミニ模試にチャレンジ

問題 1

イラストを参考にしながら対話と応答を聞き、最も適切な応答を **1, 2, 3** の中から一つ選びなさい。

No. 1

No. 2

No. 3

No. 4

No. 5

自信度チェック

	No. 1	*No. 2*	*No. 3*	*No. 4*	*No. 5*
1回目					
2回目					
3回目					

◎ 全部聞き取れた
○ なんとなく聞き取れた
△ 聞き取れなかった

次の *(1)* から *(8)* までの（　　）に入れるのに最も適切なものを **1, 2, 3, 4** の中から一つ選び、その番号を答えなさい。

(1) I was (　　) tennis with my friends on Sunday.

1 singing　**2** practicing　**3** leaving　**4** running

(2) ***A:*** These cookies are (　　) you, Dad. I made them on Sunday.
B: Thank you.

1 for　**2** at　**3** on　**4** in

(3) My brother and I play basketball in the gym (　　) weekend.

1 every　**2** many　**3** much　**4** little

(4) ***A:*** Are you a good badminton player, Ken?
B: No, I can't play badminton. But I want (　　) it this weekend.

1 try　**2** tried　**3** trying　**4** to try

(5) ***A:*** Does your grandmother often visit you?
B: Yes, she does. I (　　) her every Sunday.

1 put　**2** see　**3** clean　**4** draw

(6) My uncle (　　) me to a very popular museum last summer.

1 saw　**2** heard　**3** thought　**4** took

(7) ***A:*** Will you study with your (　　) next Sunday?
B: Yes, I will study with Anna.

1 friend　**2** road　**3** view　**4** report

(8) ***A:*** (　　) we go on a picnic next weekend?
B: Sure. I hope it will be a fine day.

1 Does　**2** Are　**3** Can　**4** Is

次の掲示(けいじ)の内容に関して、下の質問に対する答えとして最も適切なものを **1, 2, 3, 4** の中から一つ選び、その番号を答えなさい。

Green Children's Library
Opening and Closing Times

Monday – Friday	10:00 a.m. - 5:00 p.m.
Saturday	10:00 a.m. - 6:00 p.m.
Sunday	8:00 a.m. - 4:00 p.m.

Famous writer James Peterson will give a book reading on Saturday, March 1, at 2:00 p.m.

Stay and talk with the writer after the reading!

(1) What time will the library close on Sunday?

1 At 10:00 a.m. **2** At 4:00 p.m.
3 At 5:00 p.m. **4** At 6:00 p.m.

(2) What can children do at the library on March 1?

1 Write stories at the library. **2** Buy some books.
3 Watch a movie. **4** Talk with the writer.

自信度チェック

	問題2								問題3	
	(1)	*(2)*	*(3)*	*(4)*	*(5)*	*(6)*	*(7)*	*(8)*	*(1)*	*(2)*
1回目										
2回目										
3回目										

問題2 ◎ 単語の意味が全部わかる ○ わからない単語がある △ 自信がない
問題3 ◎ 内容が全部わかる ○ なんとなくわかる △ 自信がない

外食

場面で覚えよう 51

場面を思いうかべながら、音読練習をしましょう。
親子で★と☆を交替（こうたい）して、スムーズに言えるようになるまで練習します。

1

★ What would you like to drink?

☆ What do you have?

★ 何をお飲みになりますか？
☆ 何がありますか？

2

★ The desserts at this restaurant look really good, Mom.

☆ You can have one.

★ このレストランのデザートは本当においしそうだね、お母さん。
☆ 1つ食べていいわよ。

子どものための豆知識　～ A Happy New Year は変ですよ～

年賀状のやりとりをしたことがありますか？ 年賀状に “A Happy New Year!” と書く人がいます。しかし “Happy New Year!” は「新年おめでとう！」というあいさつなので、Happy の前に A をつけるのは変です。“Happy Birthday!” や “Merry Christmas!” に A がつかないのと同じです。次回年賀状を書くときは気をつけてくださいね。

3

★ This pizza is really good.

☆ Yes, it's delicious.

★ このピザは本当においしいね。

☆ そうね、おいしいね。

4

☆ Excuse me, are there any restaurants near here?

★ There is a sushi restaurant over there.

☆ すみません、この近くにレストランはありますか？

★ あちらにすし屋がありますよ。

5

★ May I help you?

☆ Could I have a soda, please?

★ いらっしゃいませ。

☆ ソーダを１ついただけますか？

大人のための豆知識　～英語は何歳から始める？　その３～

私の周りには、帰国子女や留学経験者などがたくさんいますが、英語の実力はさまざまです。親子英語講座のインストラクターは英検準１級または TOEIC 730 点以上の保持者です。それぞれのバックグラウンドも多種多様。でも、全員が口を揃えて言うのが「人生で必要になれば、必ず英語はできるようになる」です。スタートが何歳であっても、本人がやりたい気持ちを持つことが、結果につながります。

2 英語表現を身につけよう

Step 1 例文と意味を確認

1 The cafeteria is as big as the library.

そのカフェテリアは図書館と同じくらい大きいです。

2 The restaurant has many kinds of curry and rice.

そのレストランにはたくさんの種類のカレーライスがあります。

3 ***A:*** Mom, I want some soup.
B: Sure, but be careful. It's very hot.

A: お母さん、スープがほしいよ。
B: いいわよ、でも気をつけてね。とても熱いよ。

4 ***A:*** This ice cream shop was great!
Let's come back again!
B: Good idea.

A: このアイスクリーム店はかなりよかった！ また来よう！
B: いい考えだね。

単語の意味を覚えよう 53

1 □ as ~ as ...　…と同じくらい～だ
2 □ many kinds of ~　たくさんの種類の～
□ curry and rice　カレーライス
3 □ soup　スープ
□ Be careful.　気をつけて。
4 □ ice cream　アイスクリーム
□ shop　店
□ come back again　また来る

1. 文を読んで意味を確認しましょう。ここではまだ文を暗記しなくても大丈夫(だいじょうぶ)。
2. ページの下を見て単語の意味を覚えましょう。

5 What kind of Japanese food do you like, Amy?

どんな日本食が好きですか、Amy？

6 ***A:*** Do you want some more salad, Ken?
B: No, thank you, Mom. I'm full.

A: もっとサラダをどう、Ken？
B: いや、ありがとう、お母さん。お腹がいっぱいだよ。

7 This restaurant is famous for its spaghetti.

このレストランはスパゲッティで有名です。

8 ***A:*** Where are we going for dinner, Dad?
B: Let's go to a Chinese restaurant.

A: 夕食はどこに行くの、お父さん？
B: 中華(ちゅうか)料理店に行こう。

5 □ what kind of ～ どんな～
□ Japanese food 日本食
6 □ salad サラダ
□ I'm full. お腹がいっぱいです。
7 □ be famous for ～ ～で有名だ
□ spaghetti スパゲッティ
8 □ Chinese 中国の、中国語（の）、中国人（の）

Step 2 スラッシュリーディングと音読トレーニング

取り組み方は 9 ページを見てください。

1 The cafeteria is / as big as / the library.
そのカフェテリアは / 同じくらい大きいです / 図書館と

2 The restaurant has / many kinds of curry and rice.
そのレストランにはあります / たくさんの種類のカレーライスが

3 ***A:*** Mom, I want some soup.
B: Sure, but be careful. / It's very hot.
A: お母さん、スープがほしいよ / *B:* いいわよ、でも気をつけてね / とても熱いよ

4 ***A:*** This ice cream shop was great! / Let's come back again.
B: Good idea.
A: このアイスクリーム店はかなりよかった / また来よう / *B:* いい考えだね

5 What kind of Japanese food / do you like, / Amy?
どんな日本食が / 好きですか / Amy

6 ***A:*** Do you want some more salad, / Ken?
B: No, thank you, Mom. / I'm full.
A: もっとサラダをどう / Ken / *B:* いや、ありがとう、お母さん / お腹がいっぱいだよ

7 This restaurant is famous / for its spaghetti.
このレストランは有名です / スパゲッティで

8 ***A:*** Where are we going for dinner, Dad?
B: Let's go to a Chinese restaurant.
A: 夕食はどこに行くの、お父さん / *B:* 中華(ちゅうか)料理店に行こう

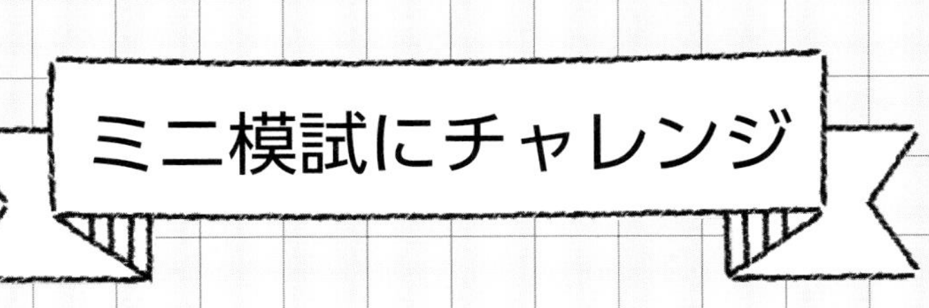

問題 1

55

対話と質問を聞き、その答えとして最も適切なものを **1, 2, 3, 4** の中から一つ選びなさい。

No. 1

1 Coffee.
2 Tea.
3 Orange juice.
4 Apple juice.

No. 2

1 Get a dessert.
2 Make dinner.
3 Buy some hamburgers.
4 Go to a cafeteria.

No. 3

1 Go to a restaurant.
2 Make a pie.
3 Wash the dishes.
4 Have more pizza.

No. 4

1 Buying a table.
2 Cleaning the kitchen.
3 Looking for a restaurant.
4 Talking on the phone.

No. 5

1 Buying a train ticket.
2 Getting a drink.
3 Going to the park.
4 Studying science.

自信度チェック

	No. 1	*No. 2*	*No. 3*	*No. 4*	*No. 5*
1 回目					
2 回目					
3 回目					

◎ 全部聞き取れた
○ なんとなく聞き取れた
△ 聞き取れなかった

次の *(1)* から *(8)* までの（　　）に入れるのに最も適切なものを **1, 2, 3, 4** の中から一つ選び、その番号を答えなさい。

(1) The cafeteria is as (　　) as the library.

1 big　**2** clear　**3** kind　**4** heavy

(2) The restaurant has many (　　) of curry and rice.

1 shops　**2** uniforms　**3** kinds　**4** members

(3) ***A:*** Mom, I want some soup.
B: Sure, but be careful. It's very (　　).

1 hot　**2** long　**3** high　**4** full

(4) ***A:*** This ice cream shop was great! Let's come back (　　).
B: Good idea.

1 ago　**2** fine　**3** also　**4** again

(5) What kind of Japanese food (　　) you like, Amy?

1 are　**2** is　**3** does　**4** do

(6) ***A:*** Do you want some more salad, Ken?
B: No, thank you, Mom. I'm (　　).

1 different　**2** simple　**3** popular　**4** full

(7) This restaurant is (　　) for its spaghetti.

1 clear　**2** famous　**3** heavy　**4** fast

(8) ***A:*** (　　) are we going for dinner, Dad?
B: Let's go to the Chinese restaurant.

1 Who　**2** When　**3** Whose　**4** Where

次の英文の内容に関して、下の質問に対する答えとして最も適切なものを **1**, **2**, **3**, **4** の中から一つ選び、その番号を答えなさい。

Grandma's Birthday Party

Last Sunday, Risa's grandmother had a party at a restaurant. Risa and her mother went to the party.

On Sunday morning, Risa and her mother bought some flowers for her grandmother. Risa also made some cookies for her birthday present. Risa and her mother arrived at 11:30. Risa's cousin, Maria, arrived at 11:45.

Maria brought a pair of gloves for grandma's birthday present. The party started at 12:00.

(1) What time did Risa and her mother arrive at the restaurant?

1 At 11:00. **2** At 11:30.
3 At 11:45. **4** At 12:00.

(2) What did Maria bring?

1 Some flowers. **2** Some cookies.
3 A pair of gloves. **4** A present for Risa.

自信度チェック

	問題2								問題3	
	(1)	*(2)*	*(3)*	*(4)*	*(5)*	*(6)*	*(7)*	*(8)*	*(1)*	*(2)*
1回目										
2回目										
3回目										

問題2 ◎ 単語の意味が全部わかる ○ わからない単語がある △ 自信がない
問題3 ◎ 内容が全部わかる ○ なんとなくわかる △ 自信がない

友達

1 場面で覚えよう 56

場面を思いうかべながら、音読練習をしましょう。
親子で★と☆を交替(こうたい)して、スムーズに言えるようになるまで練習します。

1

★ Ken went to a concert with two friends. The concert was three hours long.

★ Ken は 2 人の友達とコンサートに行きました。コンサートは 3 時間もの長さでした。

2

☆ Risa and Anna are classmates. They do their homework together every Saturday.

☆ Risa と Anna はクラスメイトです。彼女たちは毎週土曜日にいっしょに宿題をします。

子どものための豆知識　～筆記用具にもこだわろう！～

英検はどの級であっても、マークシートで解答します。3 級以上の級には英作文がありますが、それ以外の問題はすべてマークシート。英検は上の級になればなるほど、時間との戦いです。こんなときは 1.3 mm のマークシート用シャープペンの出番。ひらがなの「の」を書くようぬると、マークシートを一瞬(いっしゅん)でぬれますよ。まちがえてマークしたときは、消しゴムで念入りに消しましょう。マークが 2 つあると判断されると、不正解とみなされてしまいます。

3

☆ Risa and her friend Amy went on a picnic today.
Risa brought some rice balls, and Amy brought some sandwiches.

☆ Risa と友達の Amy は今日ピクニックに行きました。Risa はおにぎりを、Amy はサンドイッチを持ってきました。

4

☆ My best friend's birthday is tomorrow, so today I bought some beautiful pens for her.

☆ 私の親友の誕生日が明日なので、今日何本かきれいなペンを彼女のために買いました。

5

★ Ken and Tom went to a library to study today.
But the library was closed, so they studied at Ken's house.

★ Ken と Tom は今日勉強しに図書館へ行きました。でも図書館は閉まっていたので、彼らは Ken の家で勉強しました。

大人のための豆知識　～英語の学習は家庭で、の理由～

英語ができるようになるには 2000 時間の学習が必要と言われています。プロになるには 1 万時間の学習が必要です。週に 1 回英語教室に通っても、年に 50 時間。英語ができるようになるのに 40 年かかってしまいます。中高英語をやったのにできるようにならない、というのもこれが理由。学習時間が足りていないのです。1 日 30 分の家庭学習を続ければ、3 か月で 45 時間。1 時間やれば、3 か月で 90 時間。外に習いに行くよりも大きな効果が見込めます。

英語表現を身につけよう

Step 1　例文と意味を確認

1 I became good friends with Tom in elementary school.

ぼくは Tom と小学校で仲良くなりました。

2 *A:* What do you want to be in the future?
B: A professional soccer player. It's my dream.

A: 将来は何になりたいですか？
B: プロのサッカー選手です。それが私の夢です。

3 *A:* Is Amy coming to the party tonight?
B: I hope so. I really want to see her.

A: Amy は今夜パーティーに来るかな？
B: そうだといいな。本当に彼女に会いたいな。

4 Anna is going to America for three weeks this summer.
She wants to learn English at a school in Boston.

Anna はこの夏 3 週間アメリカに行く予定です。彼女はボストンの学校で英語を学びたいのです。

単語の意味を覚えよう

1
- □ elementary school　小学校

2
- □ in the future　将来は
- □ professional　プロの
- □ dream　夢

3
- □ come to the party　パーティーに来る
- □ I hope so.　そう望んでいます。

1. 文を読んで意味を確認しましょう。ここではまだ文を暗記しなくても大丈夫(だいじょうぶ)。
2. ページの下を見て単語の意味を覚えましょう。

5

A: I have to call Tom.
Do you remember his telephone number?
B: I'm sorry. I don't.

A: Tom に電話しなくちゃ。きみは彼の電話番号を覚えているかい？
B: ごめんね。覚えていないんだ。

6

A: Let's go to lunch, Ken!
B: OK, but let's wait for Tom. He'll be here soon.

A: 昼食に行こうよ、Ken！
B: いいよ、でも Tom を待とうよ。彼はすぐここに来るよ。

7

I'm going to play soccer with my friends this afternoon.

私は今日の午後友達とサッカーをする予定です。

8

Last month, a new student came to Risa's school. Risa soon became good friends with her.

先月、新しい生徒が Risa の学校に来ました。Risa は彼女とすぐに仲良くなりました。

5
- □ call　電話する
- □ remember　覚えている
- □ telephone number　電話番号

6
- □ soon　すぐに

Step 2 スラッシュリーディングと音読トレーニング

取り組み方は 9 ページを見てください。

1 I became good friends / with Tom / in elementary school.
ぼくは仲良くなりました / Tom と / 小学校で

2 ***A:*** What do you want to be / in the future?
B: A professional soccer player. / It's my dream.
A: 何になりたいですか / 将来は / *B:* プロのサッカー選手です / それが私の夢です

3 ***A:*** Is Amy coming to the party / tonight?
B: I hope so. / I really want to see her.
A: Amy はパーティーに来るかな / 今夜 / *B:* そうだといいな / 本当に彼女に会いたいな

4 Anna is going to America / for three weeks / this summer. She wants to learn English / at a school in Boston.
Anna はアメリカに行く予定です / 3 週間 / この夏 / 彼女は英語を学びたいのです / ボストンの学校で

5 ***A:*** I have to call Tom. / Do you remember / his telephone number?
B: I'm sorry. / I don't.
A: Tom に電話しなくちゃ / きみは覚えているかい / 彼の電話番号を / *B:* ごめんね / 覚えていないんだ

6 ***A:*** Let's go to lunch, / Ken!
B: OK, but let's wait for Tom. / He'll be here soon.
A: 昼食に行こうよ / Ken / *B:* いいよ、でも Tom を待とうよ / 彼はすぐここに来るよ

7 I'm going to play soccer / with my friends / this afternoon.
私はサッカーをする予定です / 友達と / 今日の午後

8 Last month, / a new student came to Risa's school. / Risa soon became good friends / with her.
先月 / 新しい生徒が Risa の学校に来ました / Risa はすぐに仲良くなりました / 彼女と

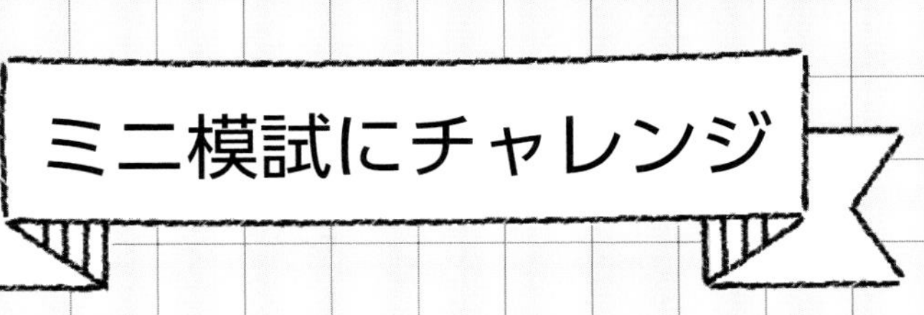

60

英文と質問を聞き、その答えとして最も適切なものを **1**, **2**, **3**, **4** の中から一つ選びなさい。

No. 1

1 An hour long.
2 Two hours long.
3 Three hours long.
4 Four hours long.

No. 2

1 Risa.
2 Risa's brother.
3 Anna.
4 Anna's brother.

No. 3

1 Rice balls.
2 Sandwiches.
3 Pancakes.
4 Cookies.

No. 4

1 She went to a library.
2 She helped her father.
3 She studied with her sister.
4 She got a present for her friend.

No. 5

1 At a library.
2 At Ken's house.
3 At Tom's house.
4 At a classroom.

自信度チェック

	No. 1	*No. 2*	*No. 3*	*No. 4*	*No. 5*
1回目					
2回目					
3回目					

◎ 全部聞き取れた
○ なんとなく聞き取れた
△ 聞き取れなかった

次の **(1)** から **(8)** までの（　　）に入れるのに最も適切なものを **1, 2, 3, 4** の中から一つ選び、その番号を答えなさい。

(1) I (　　) good friends with Tom in elementary school.
1 became　**2** knew　**3** took　**4** brought

(2) *A:* What do you want to be in the (　　)?
B: A professional soccer player. It's my dream.
1 program　**2** future　**3** subject　**4** season

(3) *A:* Is Amy coming to the party tonight?
B: I (　　) so. I really want to see her.
1 call　**2** drive　**3** visit　**4** hope

(4) Anna is going to America for three weeks this summer. She wants (　　) English at a school in Boston.
1 learn　**2** learning　**3** learned　**4** to learn

(5) *A:* I have to call Tom. Do you remember (　　) telephone number?
B: I'm sorry. I don't.
1 he　**2** his　**3** him　**4** them

(6) *A:* Let's go to lunch, Ken.
B: OK, but let's (　　) for Tom. He'll be here soon.
1 answer　**2** teach　**3** wait　**4** wake

(7) I'm going (　　) soccer with my friends this afternoon.
1 play　**2** to play　**3** playing　**4** played

(8) Last month, a new student came to Risa's school. Risa soon became good friends with (　　).
1 she　**2** her　**3** hers　**4** them

(7) Jeff goes to a different ( ) every year. This year, he'll visit Italy.

1 newspaper **2** country **3** information **4** phone

(8) ***A*** **:** It's getting hot. You should ( ) your jacket.
B **:** OK, I will.

1 take off **2** get off **3** work for **4** come in

(9) ***A*** **:** Who ( ) the answer to this question?
B **:** I do!

1 brings **2** kicks **3** holds **4** knows

(10) Kevin ( ) a bath before he went to bed.

1 left **2** spoke **3** took **4** thought

(11) ***A*** **:** Don't ride your bike too fast, Kim! Slow ( ).
B **:** OK. Sorry.

1 in **2** by **3** down **4** with

(12) Students from all ( ) the world came to the international festival.

1 to **2** over **3** near **4** for

(13) ***A*** **:** Is ( ) a post office near here?
B **:** Yes, it's across the street.

1 these **2** there **3** those **4** they

(14) ***A*** **:** Jessica, I was looking for you in the cafeteria. Where ( ) you?
B **:** Sorry, I was talking to Mr. Smith.

1 is **2** am **3** was **4** were

(15) ***A*** **:** Did you go fishing last Sunday?
B **:** No, it was ( ) hard that day.

1 raining **2** rains **3** rained **4** rain

次の *(16)* から *(20)* までの会話について (　　) に入れるのに最も適切なものを **1**, **2**, **3**, **4** の中から一つ選び，その番号のマーク欄をぬりつぶしなさい。

(16) ***Girl :*** Which book do you like the best, Jim?
Boy : (　　) I read it many times.

1 This one is great.　　**2** They taste good.
3 I always do my work.　　**4** Just a little.

(17) ***Teacher :*** You don't look well today. (　　)
Student : I think I have a cold.

1 Do you live there?　　**2** What do you like?
3 Are you feeling OK?　　**4** Will you go to school?

(18) ***Sister :*** Where did you put my soccer ball?
Brother : Sorry. (　　)

1 He already finished it.　　**2** Let's go together.
3 I'm happy to hear that.　　**4** It's still outside.

(19) ***Son :*** The soup was delicious. Thanks, Mom.
Mother : You're welcome. (　　)
Son : No, I'm full.

1 Would you like more?　　**2** How old are you?
3 Can I go with you?　　**4** Did you make it?

(20) ***Husband :*** I called the restaurant, but (　　)
Wife : Maybe they're closed today.

1 I don't like it.　　**2** no one answered.
3 it's cold today.　　**4** please sit down.

3

次の **(21)** から **(25)** までの日本文の意味を表すように ① から ⑤ までを並べかえて □ の中に入れなさい。そして，2番目と4番目にくるものの最も適切な組合せを **1**, **2**, **3**, **4** の中から一つ選び，その番号のマーク欄をぬりつぶしなさい。※ただし，(　　) の中では，文のはじめにくる語も小文字になっています。

(21) 私の妹を助けてくれてありがとう。

(① for　② you　③ my sister　④ thank　⑤ helping)

□ □(2番目) □ □(4番目) □.

1 ②－⑤　**2** ②－④　**3** ⑤－①　**4** ③－②

(22) ジェイクは理科クラブの一員ですか。

(① of　② Jake　③ is　④ a member　⑤ the science club)

□ □(2番目) □ □(4番目) □?

1 ④－③　**2** ②－①　**3** ⑤－③　**4** ①－③

(23) あなたは初めてハワイに来ていますか。

(① your　② in　③ first　④ Hawaii　⑤ time)

Is this □ □(2番目) □ □(4番目) □?

1 ②－①　**2** ①－③　**3** ④－⑤　**4** ③－②

(24) ケンは、彼には英語のテストが少し難しかったと言いました。

(① English test　② difficult　③ for　④ was　⑤ a little)

Ken said the □ □(2番目) □ □(4番目) □ him.

1 ⑤－④　**2** ②－③　**3** ④－②　**4** ③－①

(25) 東京には訪れる場所がたくさんあります。

(① to　② many places　③ are　④ visit　⑤ there)

□ □(2番目) □ □(4番目) □ in Tokyo.

1 ④－②　**2** ③－①　**3** ①－③　**4** ②－⑤

次の掲示の内容に関して，*(26)* と *(27)* の質問に対する答えとして最も適切なもの，または文を完成させるのに最も適切なものを **1**，**2**，**3**，**4** の中から一つ選び，その番号のマーク欄をぬりつぶしなさい。

This Month's Special Event

Jazz concert for children and adults

Date: Sunday, April 10
Time: 3 p.m. to 4 p.m.
Place: Ocean Park Soccer Field

The famous Australian band Jazzaroo will come and perform popular songs from their new CD, Rainbow in the Sky. Tickets for this event are $5, but you can join for free if you bring two old books.

(31) Why can Mario speak Spanish?

1 He goes to a special school.
2 He watches a TV program.
3 His mother is a Spanish teacher.
4 His father is from Spain.

(32) When is Mario going on a homestay?

1 Tomorrow.
2 Next week.
3 Next month.
4 Next year.

(33) Where does Mario want to go to learn about the history of Spain?

1 Old buildings.
2 Museums.
3 A high school.
4 An event.

(34) Mario's father thought Mario should

1 take some Spanish lessons.
2 play soccer after school.
3 buy some interesting books.
4 bring a dictionary.

(35) What color is Mario's new electronic dictionary?

1 Silver.
2 White.
3 Black.
4 Blue.

❶このテストには，**第 1 部**から**第 3 部**まであります。

英文は二度放送されます。

第 1 部	イラストを参考にしながら対話と応答を聞き，最も適切な応答を **1, 2, 3** の中から一つ選びなさい。
第 2 部	対話と質問を聞き，その答えとして最も適切なものを **1, 2, 3, 4** の中から一つ選びなさい。
第 3 部	英文と質問を聞き，その答えとして最も適切なものを **1, 2, 3, 4** の中から一つ選びなさい。

❷ ***No. 30*** のあと，10 秒すると試験終了の合図がありますので，筆記用具を置いてください。

第 1 部 64 〜 69

例題

No. 1

No. 2

No. 3

No. 4

No. 5

No. 6

No. 7

No. 8

No. 9

No. 10

第2部 70〜75

No. 11

1 He went shopping.
2 He danced.
3 He watered the plants.
4 He watched TV.

No. 12

1 At home.
2 At the store.
3 At the zoo.
4 At the airport.

No. 13

1 Sasha's aunt.
2 Sasha's vacation.
3 Sam's dream.
4 Sam's homework.

No. 14

1 He walked.
2 He rode his bike.
3 He took a bus.
4 He got on a train.

No. 15

1 Black.
2 Green.
3 Blue.
4 Red.

No. 16

1 Rice.
2 Pancakes.
3 Coffee.
4 Orange juice.

No. 17

1 The man's aunt.
2 The man's uncle.
3 The man's daughter.
4 The man's son.

No. 18

1 Watching a movie.
2 Reading a book.
3 Listening to music.
4 Doing homework.

No. 19

1 He went to bed late.
2 He woke up early.
3 He ran in a race.
4 He went hiking.

No. 20

1 Five.
2 Eight.
3 Ten.
4 Twelve.

第3部 76 ～ 81

No. 21

1 She reads a newspaper.
2 She takes a walk.
3 She makes lunch.
4 She buys breakfast.

No. 22

1 A tent.
2 A costume.
3 A backpack.
4 A camping table.

No. 23

1 Some gifts.
2 Some classes.
3 A party.
4 A friend.

No. 24

1 To a tennis court.
2 To a party.
3 To a friend's house.
4 To a café.

No. 25

1 Janet.
2 Janet's father.
3 Janet's grandparents.
4 Janet's friend.

No. 26

1 Oranges.
2 Apples.
3 Carrots.
4 Potatoes.

No. 27

1 Take an umbrella.
2 Visit a park.
3 Meet a guest.
4 Bring a magazine.

No. 28

1 See her uncle.
2 Travel abroad.
3 Go to a festival.
4 Write a report.

No. 29

1 He took a test.
2 He saw his friend.
3 He read a comic book.
4 He had a headache.

No. 30

1 It was his birthday.
2 His mother worked late.
3 He wanted Italian food.
4 A new restaurant opened.

重要単語・表現リスト

この本に出てきた単語・表現のリストです。数字は取り上げたページ番号を表しています。

A

a cup of ~	1ぱいの~	19
a fine day	天気のいい日、いい天気	91
after school	放課後	67
~ ago	~前に	34
all over the world	世界中に	51
always	いつも	27
a member of ~	~の一員	66
answer the telephone	電話に出る	74
a piece of ~	~の1つ	18
around ~	~ごろ	18
as ~ as ...	…と同じくらい~だ	98
ask ~ a question about ...	~に…について質問する	59
ask ~ for help	~に手伝いをたのむ	58
as well as ~	~と同じくらい上手に	27
at ~ o'clock	~時に	83

B

badminton	バドミントン	90
baseball	野球	26
Be careful.	気をつけて。	98
because ~	~なので、なぜなら	35
become good friends with ~	~と仲良くなる	35
be famous for ~	~で有名だ	99
be going to ~	~する予定だ	43
be good at ~	~が得意だ	34
be ~ing	~している	90
be late for ~	~におくれる	75
belong to ~	~に所属する	67
be ready for ~	~の準備ができる	75
bike	自転車	42
birthday party	誕生日会	75
bowl	ボウル	26
breakfast	朝食	18
brother	兄、弟、兄弟	26
but	でも、しかし	26
buy	買う	50
by ~	~のそばに	83

C

cafeteria	カフェテリア、食堂	35
call	電話する	107
can	できる	27
Can you ~ ?	~してくれますか?	42
catch	つる、つかまえる	83
catch a cold	かぜを引く	19
cherry tree	桜	82
Chinese	中国の、中国語(の)、中国人(の)	99
clean	そうじする	74
clean up	きれいにする、片付ける	67
club	部、クラブ	66
come	来る	42
come back again	また来る	98
come to the party	パーティーに来る	106
cookie	クッキー	90
curry and rice	カレーライス	98

D

difficult	難しい	58
dish	皿	75
do well	よくできる	35
Don't worry.	心配しないで。	58
draw	描く	42
dream	夢	106
during ~	～の間	83

E

elementary school	小学校	106
enjoy ~ing	～するのを楽しむ	35
every weekend	毎週末	66
Excuse me.	すみません。	50
extra	余分の	51

F

favorite	大好きな、お気に入りの	34
feel	感じる	26
find	見つける	51
fine	調子がいい	26
finish	仕上げる、終える	18
fish	魚	83
food	食べ物	51

G

game	試合、ゲーム	66
garden	庭	74
get to ~	～に行く	42
get up	起きる	18
get up late	ねぼうする	19
go fishing with ~	～とつりに行く	83
golf	ゴルフ	27
Good for you.	よかったね。	66
Good idea.	いい考えですね。	58
go on a bus trip to ~	～へバス旅行に行く	82
go on a picnic	ピクニックに行く	91
go to ~	～へ行く	42
grandfather	祖父、おじいさん	27
grandmother	祖母、おばあさん	91

H

have a hard time	苦労する	59
have a lesson	レッスンがある	67
have a meeting	会議がある	35
have time	時間がある	75
have to ~	～しなければならない	58
help ~ with ...	～の…を手伝う	74
Here you are.	どうぞ。	19
high school	高校	35
homework	宿題	58
how long	どのくらい、いつまで	34

I

ice cream	アイスクリーム	98
I hope ~	～と願う、～と望む	91
I hope so.	そう望んでいます。	106
I'll show you.	ご案内します。	43
I'm full.	お腹がいっぱいです。	99
I'm late.	おくれます。	82
in front of ~	～の前に	19
interesting	おもしろい	27
in the future	将来は	106
in the gym	体育館で	90
in the morning	朝に	18

J

Japanese food	日本食	99
just around the corner	すぐそこ	43

L

lake	湖	83
large	大きな	43
last summer	昨年の夏	91

T

take ~ to ...	…へ～を連れて行く	91
take a lesson	レッスンを受ける	66
talk about ~	～について話す	35
taller than ~	～より背が高い	27
telephone number	電話番号	107
tennis court	テニスコート	43
the most	最も	34
the way to ~	～までの道のり	42
toast	トースト	18
together	いっしょに	59
too ~ for ...	…には～すぎる	51
try	やってみる	90

U

understand	理解する	59
use	使う	50

V

vacation	休暇、休み	83
visit	訪れる	43
volunteer	ボランティア	67

W

wait	待つ	82
wait for ~	～を待つ	26
wash	洗う	19
What can I do for you?	何をしたらいいですか？ ご用件は？	74
what kind of ~	どんな～	99
what time	何時に	43
whose	だれの	27
why	なぜ	75
will	するつもりである	34
work very hard	一生懸命働く	74

Y

~ years ago	～年前に	83

Z

zoo	動物園	43

著者紹介　長田いづみ

親子英語協会代表理事。26歳より英語学習を始め、英検1級、TOEIC990点(満点)を取得。長いTOEIC指導歴を通じて、就職活動で求められる「TOIEC最低600点の壁」を早いうちに超えるのが必須だと実感。ここから逆算し、高校生で600点、さらに逆算して小学生のうちに英検3級(中学校3年程度)を取得することを目指す。子ども向け英会話教室を経営していた経験を活かしつつ、「最短距離で英検合格」の実績を積んでいる。受講生の合格率は9割を超える。2018年9月に親子英語協会を設立。当初から「オンラインのみ」の講座スタイルで、日本全国、そして海外からの受講生もあとを絶たない。このメソッドで英検に合格した小学生や中学生は300人を超える。さらに、英語講座を担当する、親子英語インストラクターを養成し、裾野を広げている。
▼ 1万人が読んでいる英語学習のヒントメルマガ登録はこちらから
https://system.faymermail.com/forms/2850

親子でいっしょに最短合格 英検４級

2021 年 11 月 25 日　初版　第 1 刷発行

著者	長田 いづみ
発行者	天谷 修身
発行	株式会社 アスク出版
	〒162-8558　東京都新宿区下宮比町2-6
	TEL: 03-3267-6864　　FAX: 03-3267-6867
	URL: https://www.ask-books.com/
装幀	岡崎 裕樹
DTP	有限会社 ブルーインク
印刷・製本	株式会社 光邦
問題執筆	江藤 友佳
イラスト	のはら あこ　矢井 さとみ
ナレーター	Rumiko Vernes　Josh Keller　吉田 聖子

ISBN: 978-4-86639-443-5　　Printed in Japan

落丁・乱丁はお取り替えいたします。

本書および音声ダウンロードに関するお問い合わせ・ご意見は下記までお願いいたします。

PC https://www.ask-books.com/support/　　Smartphone　お問い合わせ　読者アンケート

もくじ

◆ ミニ模試

◆ 仕上げの模試

リスニング問題では、★＝男性、☆＝女性 を示しています。

Unit 1　ミニ模試（問題は本冊の p. 21 ～ p. 23）

答え

問題1

No. 1	No. 2	No. 3	No. 4	No. 5
2	3	3	1	3

問題2

(1)	(2)	(3)	(4)	(5)	(6)	(7)	(8)
3	2	4	2	1	3	2	1

問題3

2

問題1

No. 1 答え **2**

★ Can I help you with dinner, Mom?
☆ Sure.
★ What can I do for you?
1　Those are my chopsticks.
2　Cut the onion, please.
3　At the dining room.

★　夕食の手伝いをしようか、お母さん？
☆　ええ。
★　何をしたらいいかな？
1　あれらは私の箸（はし）よ。
2　たまねぎを切ってちょうだい。
3　ダイニングルームで。

解説　What can I do for you? は困っている人を見かけたときによく使う表現です。please を使ってお願いごとをしている 2 が正解です。

No. 2 答え **3**

★ Mom.
☆ What is it, Ken?
★ My math homework is too difficult.
1　Let's go home.
2　It's a new pen.
3　I'll help you.

★　お母さん。
☆　どうしたの、Ken？
★　数学の宿題が難しすぎるんだ。
1　家に帰ろう。
2　それは新しいペンよ。
3　手伝うよ。

解説　too ~ で「～すぎる」という意味があります。男の子が too difficult と言っており、とても困っている様子です。I'll help you.「あなたを手伝うよ。」と答えると自然でしょう。

No. 3 答え **4**

★ What's that, Nancy?
☆ A letter from my grandmother.
★ Where does she live?
☆ In San Francisco. I'll visit her this summer with my sister.
Question: Who lives in San Francisco?

★ あれは何かな、Nancy？
☆ おばあちゃんからの手紙よ。
★ 彼女はどこに住んでいるの？
☆ サンフランシスコよ。妹といっしょに今年の夏彼女を訪ねるつもりよ。
質問：だれがサンフランシスコに住んでいますか？

選択肢の訳　1　男の子。　2　Nancy。
3　Nancy の妹。　**4　Nancy の祖母。**

解説　選択肢(せんたくし)を見てみると、sister や grandmother など【人】に関連する単語がふくまれています。会話に登場する人物をメモするとよいでしょう。

No. 4 答え **2**

☆ You look tired, Ken.
★ I am.
☆ Did you go to bed late last night?
★ No, I got up early this morning to walk my dog.
Question: Why is Ken tired?

☆ つかれているようね、Ken。
★ つかれているよ。
☆ 昨日夜おそくにねたの？
★ ううん、今朝早起きして犬の散歩をしたんだ。
質問：なぜ Ken はつかれていますか？

選択肢の訳　1　走りに行った。　**2　朝早くに起きた。**
3　部屋をそうじした。　4　犬を洗(あら)った。

解説　質問は Why で始まっています。会話の中で男の子がつかれている原因や理由が話されていないか、注意して聞きましょう。

No. 5 答え **4**

☆ Is this a picture of your family?
★ Yes, it is.
☆ Who's that man?
★ It's my uncle Jason.
Question: What are they doing?

☆ これはあなたの家族の写真なの？
★ うん、そうだよ。
☆ あの男性はだれ？
★ おじの Jason さんだよ。
質問：彼らは何をしていますか？

選択肢の訳　1　男の子の家族を訪ねている。　2　女の子のおじと会っている。
3　写真を撮(と)っている。　**4　写真を見ている。**

解説　会話の初めにキーワードがあります。a picture of ~ で「~の写真」という意味です。

(5) **答え** 1

私は祖父の話を聞くのが好きです。彼の話はいつもおもしろいです。

1 **おもしろい**　2 静かな
3 いそがしい　4 早く

解説 〈like + ~ing〉の形は「～するのが好き」という感情を表します。

(6) **答え** 3

A: これはだれのぼうしですか？ とてもすてきですね。
B: 私の姉のものです。

1 どこ　2 いつ
3 **だれの**　4 何

解説 B さんが my sister's と答えていることから、A さんは物の持ち主を聞いているとわかります。

(7) **答え** 4

Ken は彼の妹より背が高いです。

1 背が高い
2 (the tallest の形で) 最も背が高い
3 背が高すぎる
4 **(taller than ~ の形で) ～より背が高い**

解説 何かを比べるとき、英語では決まった表現があります。tall の後ろに er がつくと、「より高い」という意味になります。

(8) **答え** 1

私の兄は父と同じくらい上手にゴルフができます。

1 **(スポーツなどを) する (基本の形)**
2 する (主語が he、she、it などのとき)
3 した
4 している

解説 can は「できる」という意味で、can のあとには【動作】を表す単語の基本の形が入ります。

問題3 答え 3

Step 2 / Step 3

A New Student

Sarah is a high school student from England. She came to Japan and stayed with the Sasaki family in Kyoto for three weeks.

On her last night in Japan, the Sasaki family took Sarah to a sushi restaurant. They eat a lot. They enjoyed their meal. Sarah had a good time in Japan. She hopes to come back again in the future.

Step 4 / Step 1

How long did Sarah stay with the Sasaki family?

1 For one week.
2 For two weeks.
3 For three weeks.
4 For four weeks.

訳 どのくらい Sarah は Sasaki 家に滞在(たいざい)しましたか？

1 1週間。
2 2週間。
3 3週間。
4 4週間。

解き方のコツ

Step 1 質問の中からキーワードを探して丸で囲む
→ stay with the Sasaki family を丸で囲む

Step 2 英文から **Step 1** と関連するキーワードを探して丸で囲む
→ stayed with the Sasaki family を丸で囲む

Step 3 キーワードをふくむ文に下線を引く → She came to から始まる文に下線を引く

Step 4 選択肢(せんたくし)と見比べる → for three weeks が同じなので **3** が正解！

新しい生徒

Sarah はイングランドから来た高校生です。彼女は日本に来て、3週間京都の Sasaki 家に滞在(たいざい)しました。

日本での最後の夜、Sasaki 家は Sarah をすし屋に連れていきました。彼らはたくさん食べました。彼らは食事を楽しみました。Sarah は日本でよい時間を過ごしました。彼女は将来また来たいと思っています。

Unit 4　ミニ模試（問題は本冊の p. 45 ～ p. 47）

No. 1	*No. 2*	*No. 3*	*No. 4*	*No. 5*
1	1	1	3	3

(1)	*(2)*	*(3)*	*(4)*	*(5)*	*(6)*	*(7)*	*(8)*
2	3	4	1	4	4	2	4

1

[illegible] 1

☆ [illegible]e me.	☆ すみません。
★	★ はい？
☆ [illegible] train goes to Central Station?	☆ どの電車がセントラル駅へ行きますか？
1 [illegible]e train over there.	1 **あそこの電車です。**
2 [illegible] three o'clock.	2 3 時です。
3 [illegible]s ten dollars.	3 10 ドルです。

Which train ～? と[illegible]れています。どの電車かを示している 1 が正解です。over there [illegible]を[illegible]すときに使います。

[illegible] 1

☆ [illegible] Tom live near here?	☆ Tom はここの近くに住んでいますか？
★ [illegible] he doesn't.	★ いいえ、住んでいません。
☆ [illegible]re does he live?	☆ 彼はどこに住んでいますか？
1 [illegible] the post office.	1 **郵便局のそばです。**
2 [illegible]wo days ago.	2 2 日前です。
3 He's fifteen years old.	3 彼は 15 歳です。

[illegible] Where で[illegible]ているので、【場所】を答えているものが正解になります。1 の場所を[illegible] by [illegible]。by にはほかにもさまざまな使い方があります。by bus「バスで」[illegible]【[illegible]】を、by Sunday「日曜日まで」のように【期限】を表すことができます。

No. 3 答え **1**

★ Where are you going?	★ どこへ行くの？
☆ To the movie theater with Anna.	☆ Anna と映画館へ。
★ Come back before dinner.	★ 夕食前にもどってきてね。
1 Sure, I will.	**1 もちろん、そうするよ。**
2 Spaghetti and soup.	2 スパゲッティとスープで。
3 I'm hungry.	3 お腹がすいたよ。

解説 男性は Come back「もどってきて」と女の子にお願いしています。I will. は何かをするようお願いされたときに、「そうするよ」「了解（りょうかい）」「わかった」と答えるような場面で使います。

No. 4 答え **3**

☆ Can you help me?	☆ 手伝ってくれますか？
★ Sure. What is it?	★ もちろん。何でしょう？
☆ I'm looking for the bank.	☆ 銀行を探しています。
1 You were great.	1 あなたはすごかった。
2 Yesterday afternoon.	2 昨日の午後です。
3 It's just around the corner.	**3 すぐそこです。**

解説 look for ~ で「～を探す」という意味です。just around the corner は「すぐそこ」のほかに、「角を曲がったところ」という意味もあります。

No. 5 答え **3**

★ How do I get to the bus terminal from here?	★ ここからバスターミナルまでどのように行けばいいですか？
☆ Go straight for three blocks and turn right.	☆ 3ブロックまっすぐ進んで右に曲がってください。
★ Can I find it easily?	★ 簡単に見つけられますか？
1 I like the store.	1 そのお店が好きです。
2 No, that's a post office.	2 いいえ、あれは郵便局です。
3 Yes, you'll find it at the end of the road.	**3 ええ、この道路のつきあたりに見つかるでしょう。**

解説 Can I ~? という質問には、Yes や No で答えられます。at the end of ~ は「～のつきあたりに、～の終わりに」という意味です。

(5) **答え** **4**

A: 今日は何時に家を出る予定ですか？
B: 9 時ごろです。

1　出発した
2　出発する
3　出発すること
4　(be going to ~ の形で) 出発する予定だ

解説 〈be going to + 基本の形〉で「～する予定である」という【未来】を表すことができます。

(6) **答え** **4**

A: すみません。東京駅はどこですか？
B: すぐそこです。ご案内します。

1　野球　　2　バス
3　店　　**4　角**

解説 A さんが【場所】をたずねているので、just around the corner が正解です。

(7) **答え** **2**

ロンドンには訪れるべきたくさんの場所があります。

1　ある、いる (am、are、is の基本の形)
2　ある、いる (主語が複数あるとき)
3　あること、いること
4　ある、いる (主語が 1 つのとき)

解説 There is / are ~. で「～がある、～がいる」という意味です。

(8) **答え** **4**

Risa の家の近くに大きな公園があります。その公園にはプールといくつかのテニスコート、動物園があります。

1　(スピードが) おそい　2　短い
3　(時間が) おそい　**4　大きな**

解説 park を説明するのは 4 が最も適切です。

問題3 答え 1

Green Tree Restaurant
We're open from Monday to Saturday
from 10:00 a.m. to 8:00 p.m.

Weekday Specials

Ham and lettuce sandwich with soup	$10
Fried chicken and salad	$15

Today's Specials

Cheeseburger and French fries	$9
Green salad with tomato soup	$7

Step 2　Step 3　Step 4

We will be open from 8:00 a.m. to 10:00 p.m. on August 10 for the Green Village Summer Festival.

What time will Green Tree Restaurant open on August 10?

Step 1

1 At 8:00 a.m.　　2 At 10:00 a.m.
3 At 8:00 p.m.　　4 At 10:00 p.m.

訳 グリーンツリーレストランは8月10日の何時にオープンしますか？

1 午前8時。　　2 午前10時。
3 午後8時。　　4 午後10時。

解き方のコツ

Step 1 質問のキーワードを探して丸で囲む → open on August 10 を丸で囲む
Step 2 掲示(けいじ)から **Step 1** と関連するキーワードを探して丸で囲む
→ open と on August 10 を丸で囲む
Step 3 キーワードをふくむ文に下線を引く → We will から始まる文に下線を引く
Step 4 選択肢(せんたくし)と見比べて考える → open from 8:00 a.m. となっているので **1** が正解！

グリーンツリーレストラン
当店は月曜日から土曜日の午前10時から午後8時までオープンしています。

平日のおすすめ

スープ付きハムとレタスのサンドイッチ	10ドル
フライドチキンとサラダ	15ドル

本日のおすすめ

チーズバーガーとフライドポテト	9ドル
トマトスープ付きグリーンサラダ	7ドル

グリーンヴィレッジ夏祭りのため、8月10日は午前8時から午後10時までオープンします。

Unit 5　ミニ模試 （問題は本冊の p. 53 ～ p. 55）

No. 1	*No. 2*	*No. 3*	*No. 4*	*No. 5*
2	4	1	3	4

(1)	*(2)*	*(3)*	*(4)*	*(5)*	*(6)*	*(7)*	*(8)*
4	2	4	1	2	4	3	4

2

[illegible] 2

[illegible] to buy some cupcakes.	★　いくつかカップケーキを買いたいです。
[illegible]any do you need?	☆　いくつ必要ですか？
[illegible]lease.	★　5 個、お願いします。
[illegible]ou are. That'll be five dollars.	☆　どうぞ。5 ドルになります。
[illegible] Where are they talking?	質問：彼らはどこで話していますか？

[illegible]　　　　2　ベーカリーで。
[illegible]で　　　　4　病院で。

[illegible] At で[illegible]っているので、【場所】に関する問題だと考えられます。カップケー[illegible] 2「ベーカリー」になります。

[illegible] 4

[illegible]hat would you like for dinner [illegible]t?	☆　Rick、今日の夕食は何がいい？
[illegible]bout beef and potatoes?	★　牛肉とポテトはどう？
[illegible]ht. Can you buy some beef after [illegible]	☆　わかったわ。仕事のあとで牛肉を買ってくれる？
[illegible]'ll do that.	★　もちろん、そうするよ。
[illegible] What will Rick do after work?	質問：Rick は仕事のあとで何をするつもりですか？

[illegible]　　　　2　シャワーを浴びる。
[illegible]をする　　　　4　肉を買う。

[illegible]で登場する after work がキーワードです。

No. 3 **答え** **1**

★ I'll buy some soup and a salad for lunch. Are you hungry?
☆ No, I'm not.
★ Why not? Did you eat something?
☆ I ate some sandwiches.
Question: What did the woman eat?

★ お昼ご飯にスープとサラダを買うつもりです。お腹はすいていますか？
☆ いいえ、すいていません。
★ どうしてですか？ 何か食べましたか？
☆ 何個かサンドイッチを食べました。
質問：女性は何を食べましたか？

選択肢の訳 **1 サンドイッチ。** 2 1切れのケーキ。 3 サラダ。 4 スープ。

解説 選択肢(せんたくし)を見ると、すべて食べ物です。会話の中にはたくさんの食べ物が出てきますが、女性に関する質問なので、女性が言う食べ物が何か集中して聞きましょう。

No. 4 **答え** **3**

★ I went to the park with my brother yesterday. What did you do, Risa?
☆ I went shopping with my mother.
★ What did you buy?
☆ A pair of shoes.
Question: What did Risa do yesterday?

★ 昨日弟と公園に行ったよ。きみは何をしたの、Risa？
☆ お母さんと買い物に行ったよ。
★ 何を買ったの？
☆ くつを１足よ。
質問：Risa は昨日何をしましたか？

選択肢の訳 1 走りに行った。 2 部屋をそうじした。 **3 買い物に行った。** 4 何さつか本を読んだ。

解説 会話と質問の両方で登場するキーワード yesterday を聞き取りましょう。Risa についての質問なので、Risa に注目しましょう。a pair of ~ は「1 組の～」という意味で、くつ下や手ぶくろなど 2 つでペアとなるものを数えるときに使います。

No. 5 **答え** **4**

☆ Ken, your soccer uniform is too small for you.
★ Yes. I think so, too.
☆ Let's go shopping this weekend. You need a new one.
★ Thanks, Mom.
Question: What will Ken's mother do this weekend?

☆ Ken、あなたのサッカーユニフォームは小さすぎるわね。
★ うん。ぼくもそう思うよ。
☆ 今週末は買い物に行きましょう。新しいのが必要よ。
★ ありがとう、お母さん。
質問：Ken のお母さんは今週末何をするつもりですか？

選択肢の訳 1 息子のために夕食を作る。 2 野球の試合を観る。 3 新しい家を探す。 **4 息子に新しいサッカーユニフォームを買う。**

解説 会話と質問の両方で登場する this weekend をしっかり聞き取りましょう。

(5) **答え** **2**

私は駅の近くのスーパーマーケットによく買い物に行きます。

1　～のために　　**2　～の近くに**
3　～といっしょに　4　～のあと

解説 near は【場所】を表す単語といっしょによく使われます。

(6) **答え** **4**

A: このスカートは私には大きすぎます。
B: わかりました。もっと小さいのを見つけに行きます。

1　遊ぶ　　2　住んでいる
3　訪れる　**4　見つける**

解説 選択肢(せんたくし)の中で a smaller one「もっと小さいの」とあわせて使えるのは4です。

(7) **答え** **3**

A: 1つ余分にふくろをもらえますか？
B: もちろんです。どうぞ。

1　銀行　　2　水
3　ふくろ、かばん　4　店

解説 Can I have ～? は「～をもらえますか？」とお願いする場面で使います。

(8) **答え** **4**

そのスーパーマーケットは大きいです。世界各地からの食べ物があります。

1　～で、～に
2　～で、～の中に
3　～の下に
4　～の上に、～中で

解説 all over には「あちこち」という意味があります。all over the world で「世界各地、世界のあちこち」となります。

問題3 答え 2

From: Patricia Chan
To: Keiko Terada
Date: December 15
Subject: Party

Hi Keiko,
Thank you for inviting our family to your Christmas party! We're really looking forward to seeing you and your family. We're going to the International Shopping Mall to buy something for your family on December 20. Can you come with us? We'll leave our house at 10:00 a.m.
See you soon,
Patricia

Step 3
Step 2
Step 4
Step 1

What will Patricia do on December 20?

1 Go to Keiko's house.
2 **Go shopping.**
3 Get ready for a party.
4 Study for the history test.

訳 Patricia は 12 月 20 日に何をするつもりですか？

1 Keiko の家に行く。
2 買い物に行く。
3 パーティーの準備をする。
4 歴史のテストの勉強をする。

解き方のコツ

Step 1 質問からキーワードを探して丸で囲む → on December 20 を丸で囲む

Step 2 E メールから **Step 1** と関連するキーワードを探して丸で囲む
→ on December 20 を丸で囲む

Step 3 キーワードをふくむ文に下線を引く → We're going to から始まる文に下線を引く

Step 4 選択肢(せんたくし)と見比べて考える
→ buy something と go shopping はほぼ同じ意味なので **2** が正解！

送信元 : Patricia Chan
あて先 : Keiko Terada
日付 : 12 月 15 日
件名 : パーティー

こんにちは Keiko、
私たち家族をクリスマスパーティーに招待してくれてありがとう！ あなたとあなたの家族に会えることを本当に楽しみにしているよ。12 月 20 日にあなたの家族のために何か買おうかと国際ショッピングモールに行く予定なの。私たちといっしょに来てくれるかな？ 私たちは午前 10 時に家を出るつもりよ。
またね、
Patricia

Unit 6　ミニ模試（問題は本冊の p. 61 ～ p. 63）

No. 1	No. 2	No. 3	No. 4	No. 5
1	2	1	3	1

(1)	(2)	(3)	(4)	(5)	(6)	(7)	(8)
3	2	1	1	1	4	3	1

2

1

[illegible]iend called him at eight o'clock [illegible]t. Ken was taking a bath, so he [illegible] talk. He called her back at [illegible]rty.

[illegible] What was Ken doing at eight o'clock last night?

☆ Ken の友達が昨夜 8 時に電話しました。Ken はお風呂（ふろ）に入っていたので、話せませんでした。8 時 30 分に彼女にかけ直しました。

質問：Ken は昨夜 8 時に何をしていましたか？

1　お風呂に入っていた。　　2　夕食を食べていた。
3　本を読んでいた。　　4　友達と電話をしていた。

[illegible]と会話[illegible]てくる at eight o'clock last night を聞き取れるかがポイントです。キー[illegible]ドが聞こえたら、その前後の文は特に注意して聞きましょう。

2

[illegible]orning, everyone. There will be [illegible]est next Monday. I'll give you [illegible]mework after this class. Now, [illegible]pen your textbook.

[illegible] Who is talking?

★ おはようございます、みなさん。来週月曜日に算数のテストがあります。この授業の後いくつか宿題をみなさんに出します。では、教科書を開いてください。

質問：だれが話していますか？

1　[illegible]者。　　2　教師。
3　芸術家。　　4　店員。

[illegible]は 2 です[illegible] teacher という単語は会話に出てきません。内容から話し手がだれか考える[illegible]があります[illegible] test や homework などの単語から場面を想像しましょう。

No. 3 答え **1**

☆ Maria is going to be busy this Sunday. In the morning, she will go to watch a baseball game. In the afternoon, she will write a report for her history homework.
Question: What will Maria do on Sunday afternoon?

☆ Maria は今週の日曜日いそがしい予定です。午前中、彼女は野球の試合を観に行くつもりです。午後は、歴史の宿題でレポートを書くつもりです。
質問：Maria は日曜日の午後何をするつもりですか？

選択肢の訳 **1 レポートを書く。** 2 学校に行く。
3 野球をする。 4 ノートを買う。

解説 予定を聞く問題では、in the morning や in the afternoon といった時間帯を表す表現が重要です。注意して聞き取りましょう。

No. 4 答え **3**

★ Today, Amy played volleyball in her volleyball club all day, so she is tired. Tomorrow, she will have a science test.
Question: Why is Amy tired today?

★ 今日、Amy は1日中部活でバレーボールをしたので、つかれています。明日、彼女は理科のテストがあります。
質問：なぜ Amy は今日つかれていますか？

選択肢の訳 1 朝食を作ったから。 2 頭が痛かったから。
3 バレーボールをしたから。 4 たくさんの宿題があったから。

解説 so には2つの文をつなげる働きがあります。so の前には【理由】を、so の後には【結果】を表す文がきます。今回は Why で始まる質問なので、so の前の文に注目しましょう。

No. 5 答え **1**

☆ I wanted to go and see a musical with my friend Anna. She was busy because she had to write a report. We'll go next Sunday.
Question: What will the girl do next Sunday?

☆ 私は友達の Anna とミュージカルを観に行きたかったです。彼女はレポートを書かなければならなかったので、いそがしかったです。私たちは次の日曜日に行きます。
質問：女の子は次の日曜日何をするつもりですか？

選択肢の訳 **1 ミュージカルを観に行く。** 2 レポートを書く。
3 プレゼントをもらう。 4 何枚かチケットを買う。

解説 最後の We'll go next Sunday. だけではどこに行くのかわかりません。初めの I wanted to go and see a musical とあわせて考えて、答えを出しましょう。

(5) **答え** 1

A: Johnson 先生、宿題について質問していいですか？

B: もちろんです、Risa。

1 **たずねる**　　2 そうじする

3 知っている　　4 待つ

解説 ask ～ a question で「～に質問する」という意味です。ask のあとには you のように【人】が入ることがあります。

(6) **答え** 4

Amy の日本語の先生は昨日彼女にたくさんの宿題を与えました。Amy は宿題が難しかったので苦労しました。

1 与える　　2 与えるため

3 与えること　　4 **与えた**

解説 1文目の最後に yesterday が付いているので、過去のことを言っている文だとわかります。

(7) **答え** 3

A: Tom、勉強をやめてテレビを見よう！

B: もちろん。いい考えだね。

1 長い　　2 大きい、広い

3 **いい**　　4 いそがしい

解説 Good idea. や That's a good idea. は相手の意見に「いいね！」と賛成するときに使います。

(8) **答え** 1

A: 数学の宿題が理解できません。手伝ってくれますか？

B: 問題ないです。いっしょにやりましょう。

1 **理解する**　　2 理解した

3 理解するため　4 理解すること

解説 don't のあとにくるのは基本の形の understand です。

問題3 答え 2

From: Patrick Donovan
To: Ben Clerk
Date: July 10
Subject: Homework

Dear Ben,
I have a question about today's science homework. We have to read a textbook and write a report, right? Do you know the pages? I forgot to take notes.
I'll call you at 7:00 p.m. after you finish the baseball practice and get home.
Thanks,
Patrick

Step 2　Step 3　Step 1　Step 4

Patrick didn't know the pages because

1 he didn't go to school today.
2 he forgot to take notes.
3 he didn't have a textbook today.
4 he lost his textbook.

訳 Patrick はページがわかりませんでした。なぜなら…

1 今日学校に行かなかったから。
2 ノートを取り忘れたから。
3 今日教科書を持っていなかったから。
4 教科書をなくしたから。

解き方のコツ

Step 1 質問の中からキーワードを探して丸で囲む → know the pages を丸で囲む

Step 2 E メールから **Step 1** と関連するキーワードを探して丸で囲む
→ know the pages を丸で囲む

Step 3 キーワードをふくむ文とその前後の文に下線を引く
→ We have to、Do you know、I forgot から始まる文に下線を引く

Step 4 選択肢（せんたくし）と見比べる → forgot to take notes が同じなので **2** が正解！

送信元 : Patrick Donovan
あて先 : Ben Clerk
日付 : 7 月 10 日
件名 : 宿題

親愛なる Ben、
今日の理科の宿題について質問があるんだ。教科書を読んでレポートを書かないといけないんだよね？ きみはページがわかる？ ぼくはノートを取るのを忘れたんだ。
きみが野球の練習を終えて家に着いたあと、午後 7 時に電話するよ。
ありがとう、
Patrick

Unit 7　ミニ模試 （問題は本冊の p. 69 ～ p. 71）

No. 1	No. 2	No. 3	No. 4	No. 5
2	1	3	3	2

(1)	(2)	(3)	(4)	(5)	(6)	(7)	(8)
3	2	4	1	1	2	1	4

3

2

…peak English well.
… you. I belong to an English club.
… did you start learning it?
… thirteen years old.
… junior high school.
… I don't.

★　あなたは英語を上手に話しますね。
☆　ありがとう。英語部に入っています。
★　いつ学び始めたのですか？
1　私は 13 歳(さい)です。
2　中学校で。
3　いいえ、しません。

…When で始まる疑問の文です。Yes や No では答えられないので、3 は不正解です。…なく意味が通らない 1 も不正解。聞いてすぐに答えを選べなくても、まちがった答えを消去していくと、正解がわかります。

1

…u in the brass band club?
… am.
…u play in concerts?
…s, we have one next month.
…s five o'clock.
…e is a math teacher.

★　あなたは吹奏楽(すいそうがく)部ですか？
☆　はい、そうです。
★　コンサートで演奏しますか？
1　はい、来月に 1 回あります。
2　5 時です。
3　彼女は算数の先生です。

…Do you ～？の形で始まっているので、Yes か No で答えることができます。

No. 3 答え **3**

☆ This is so exciting.
★ Do you like playing in basketball games?
☆ Of course. Oh, it's my turn!
1 On Monday afternoon.
2 It's sunny outside.
3 Good luck!

☆ とてもワクワクします。
★ バスケットボールの試合に出るのは好きですか？
☆ もちろん。あ、私の番です！
1 日曜日の午後に。
2 外は晴れています。
3 幸運を！

解説 Good luck! は「幸運をいのります！」という意味で、「がんばってね！」や「うまくいくといいね！」と相手を応援(おうえん)する場面で使われます。

No. 4 答え **3**

☆ Hi, Tom.
★ Hi. Do you want to play baseball?
☆ Sorry, I need to do my homework.
1 It's a new bat.
2 Science and math.
3 OK, see you tomorrow!

☆ こんにちは、Tom。
★ やあ。きみも野球をしたい？
☆ ごめん、宿題をしなくちゃいけないの。
1 新しいバットだよ。
2 理科と数学だよ。
3 わかった、また明日！

解説 see you tomorrow のほかにも別れのあいさつ表現があります。See you soon. で「またすぐに会おうね。」、次に会う予定がすでにある場合には See you then.「じゃ、そのときにね。」となります。

No. 5 答え **2**

★ Hi, Anna.
☆ Hello, Mr. Johnson.
★ Are you going home?
1 Thanks, I'm full.
2 No, I'm going to the library.
3 Yes, it's mine.

★ やあ、Anna。
☆ こんにちは、Johnson 先生。
★ 家に帰るところですか？
1 ありがとう、お腹がいっぱいです。
2 いいえ、図書館に行くところです。
3 はい、私のものです。

解説 Are you ~? で始まる質問は Yes か No で答えることができます。go to ~ で「~に行く」と表現できますが、「家に帰る」と言う場合は go home です。to は入れません。

(5) **答え** 1

A: ギターを弾きますか、Naomi？
B: はい、弾きます。週に１度音楽のレッスンがあります。

1 （楽器など）を弾く（基本の形）
2 弾くこと
3 弾いた
4 弾く（主語が he、she、it などのとき）

解説 Do you ~？という疑問の文では１のように基本の形が使われます。

(6) **答え** 2

A: あなたの学校にプールはあるの、Maria?
B: うん。私は水泳部に所属しているよ。

1 （There are ~ の形で）～がある
2 （There is ~ の形で）～がある
3 する（主語が I、you、we、they のとき）
4 する（主語が he、she、it のとき）

解説 a swimming pool は「（１つの）水泳用のプール」です。主語になるプールが１つなので、２が正解。

(7) **答え** 1

A: Risa、バスケットボールの試合は来月です。練習は月曜日から金曜日の放課後にあるでしょう。
B: わかりました、行きますよ、Johnson 先生。

1 ～に、～の上に　2 ～の中へ
3 ～で、～に　4 ～といっしょに

解説 曜日の前にくるのは on です。

(8) **答え** 4

写真部の部員はサンライズ公園をきれいにするためにボランティアを探しています。

1 歌っている
2 言っている
3 出発している
4 （look for ~ の形で）～を探している

解説 look は「見る」という意味ですが、look for ~ で「～を探す」です。

問題3 答え 3

From: Caroline Smith
To: Hanako Saito
Date: April 14
Subject: The school festival

Dear Hanako,
How are you doing? How is your new school? I started high school this month. I'm in a drama club. I go to practice on Mondays, Wednesdays, and Fridays. I enjoy acting, so I really like the club. I will perform Romeo and Juliet at the school festival in September. Can you come?
Best wishes,
Caroline

Step 3
Step 2
Step 1
Step 4

How often does Caroline practice drama?

1 Once a week.
2 Twice a week.
3 **Three times a week.**
4 Once a month.

訳 どのくらいの頻度(ひんど)で Caroline は演劇(えんげき)の練習をしますか？

1 1週間に1回。
2 1週間に2回。
3 1週間に3回。
4 1か月に1回。

解き方のコツ

Step 1 質問の中からキーワードを探して丸で囲む → practice を丸で囲む
Step 2 Eメールから **Step 1** と関連するキーワードを探して丸で囲む→ practice を丸で囲む
Step 3 キーワードをふくむ文に下線を引く → I go to から始まる文に下線を引く
Step 4 選択肢(せんたくし)と見比べて考える
→ on Mondays, Wednesdays, and Fridays とあるので **3** が正解！

送信元 : Caroline Smith
あて先 : Hanako Saito
日付 : 4月14日
件名 : 学校祭

親愛なる Hanako、
調子はどうかな？ 新しい学校はどう？ 私は今月から高校生活を始めたの。演劇(えんげき)部に入っているよ。毎週月曜、水曜、金曜に練習に行くの。演じるのは楽しいから、本当にこのクラブが好きよ。9月には学校祭でロミオとジュリエットを演じるの。来られるかな？
ではまた、
Caroline

Unit 8　ミニ模試 (問題は本冊の p. 77 ～ p. 79)

No. 1	No. 2	No. 3	No. 4	No. 5
1	3	2	2	1

(1)	(2)	(3)	(4)	(5)	(6)	(7)	(8)
2	1	1	1	3	1	4	1

(1)	(2)
1	3

[illegible]

[illegible] 1

[illegible]aking [illegible]ghetti and meatballs for [illegible]r.
[illegible] I help you?
[illegible] the spaghetti, please.
[illegible]
[illegible]n: What are they doing?

☆　夕食にスパゲッティミートボールを作っているの。
★　手伝おうか？
☆　スパゲッティをゆでてちょうだい。
★　もちろん。
質問：彼らは何をしていますか？

[illegible]の訳　1　夕食を作っている。　2　テレビを見ている。
[illegible]を探している　4　図書館で勉強している。

May I [illegible] you? は[illegible]けが必要に見える人にかけることばです。女性のお願いに対して、Sure. [illegible]るので、2人とも夕食作りをしていることがわかります。

答え　3

[illegible]d morning.
[illegible] woke up early today, Ken.
[illegible]n water the flowers before breakfast.
[illegible]nk you. You're always a great help.
[illegible]ion: What will Ken do first?

★　おはよう。
☆　今日は早起きね、Ken。
★　朝食の前にお花に水をやれるよ。
☆　ありがとう。いつも助かるわ。
質問：Ken はまず何をするつもりですか？

[illegible]の訳　[illegible]　2　シャワーを浴びる。
3　花に水をやる。　4　新聞を読む。

water [illegible]、「(草花などに) 水をやる」という意味もあります。first は「1 番目[illegible]まず」という意味です

No. 3 答え 2

★ How was your weekend, Risa?
☆ Not so good. My mom was sick, so I made some rice balls for my family.
★ Is she better?
☆ Yes, she is. Thanks.
Question: Who was sick?

★ 週末はどうだった、Risa？
☆ あまりよくなかったわ。お母さんが体調不良だったから、家族に何個かおにぎりを作ったの。
★ 彼女はよくなっているの？
☆ うん。ありがとう。
質問：だれが体調不良でしたか？

選択肢の訳　1 Risa。　**2 Risa の母。**
3 男の子。　4 男の子の母。

解説　選択肢(せんたくし)を見ると、すべて【人】に関連しています。質問も Who で始まっているので、会話している２人のほかに登場人物がいないか、よく聞きましょう。

No. 4 答え 2

★ Can we have steak for dinner tonight?
☆ OK, let's make it. Can you go to the supermarket and buy the meat?
★ OK, Mom.
Question: What will they have for dinner?

★ 今夜の夕食にステーキはどう？
☆ うん、作ろう。スーパーマーケットに行って、お肉を買ってくれる？
★ わかったよ、お母さん。
質問：彼らは夕食に何を食べるつもりですか？

選択肢の訳　1 ピザ。　**2 ステーキ。**
3 ハンバーガー。　4 スパゲッティ。

解説　Can we ～？で「(みんなで) ～できますか、どうですか？」と許可を求めたり、提案したりできます。選択肢(せんたくし)中の食べ物は、日本語と英語で発音が似ているようで異なる単語ばかりです。発音のちがいを調べてみるのも英検合格に役に立つでしょう。

No. 5 答え 1

☆ Are you going to the party tonight?
★ Yes, I am. Are you, Maria?
☆ I can't. I have to make dinner for my brother.
Question: Who is going to the party?

☆ 今夜パーティーに行く予定なの？
★ うん、行くよ。きみはどう、Maria？
☆ 行けないの。弟のために夕飯を作らないといけないの。
質問：だれがパーティーに行きますか？

選択肢の訳　**1 男の子。**　2 男の子の弟。
3 Maria。　4 Maria の弟。

解説　Are you, Maria? は Are you going to the party tonight, Maria? を省略したものです。自分がされた質問と同じ内容を相手に聞くとき、英語では省略して会話を続けます。

(5) 答え 3

A: お皿を洗うための時間がないよ。

B: 心配しないで。ぼくがやるよ。

1 目が覚める　2 描く

3 心配する　4 好きだ

解説 Don't worry. は「心配しないで。」「大丈夫だよ。」と相手を思いやり、はげます表現です。

(6) 答え 1

A: なぜサッカーの練習におくれたのですか？

B: 母を手伝っていたからです。

1 (are の過去の形)

2 (am、is の過去の形)

3 する (主語が I、you、we、they などのとき)

4 する (主語が he、she、it などのとき)

解説 be late for ~ は「~におくれる」という意味です。主語が you なので、1 が正解です。

(7) 答え 4

A: Ken、Risa の誕生日会の準備ができていないのよ。手伝ってくれる？

B: もちろん。問題ないよ。

1 短い　2 暖かい

3 好きな　**4 準備ができた**

解説 be ready for ~ で「~の準備ができた」という意味です。ちなみに be ready to ~ は「~する準備ができた」になります。

(8) 答え 1

Ken は毎週末、夕食を作る父を手伝うのを楽しみます。

1 手伝うこと

2 手伝う (主語が he、she、it などのとき)

3 手伝った

4 手伝う (基本の形)

解説 〈enjoy + ~ing〉で「~するのを楽しむ」という意味です。

問題3 答え *(1)* **1** *(2)* **3**

Step 2　Step 3

Jason's Summer Job

Jason is a high school student. Last summer, Jason wanted to buy a new computer, so he got a job for summer vacation. Every morning, he had to take newspapers to people's houses in the town. He had to wake up early in the morning, but he was very happy to get the job.

On the first day, the manager at the newspaper office said, "I'll help you today." They put newspapers outside people's houses together.

Step 1　Step 4

(1) Why did Jason get a job?

1 He wanted to buy a new computer.　**2** He wanted to go on a trip.
3 He wanted to buy some books.　**4** He wanted to take a class.

訳 なぜ Jason は仕事に就(つ)きましたか？

1 新しいコンピュータがほしかった。　2 旅行に行きたかった。
3 何さつか本を買いたかった。　4 授業を取りたかった。

(1) の解き方のコツ

Step 1 質問の中からキーワードを探して丸で囲む → get a job を丸で囲む
Step 2 英文から **Step 1** と関連するキーワードを探して丸で囲む→ got a job を丸で囲む
Step 3 キーワードをふくむ文に下線を引く → Last summer で始まる文に下線を引く
Step 4 選択肢(せんたくし)と見比べる → wanted to buy a new computer が同じなので **1** が正解！

Jason's Summer Job

Jason is a high school student. Last summer, Jason wanted to buy a new [illegible]mputer, so he got a job for summer vacation. Every morning, he had to take [illegible]wspapers to people's houses in the town. He had to wake up early in the [illegible]rning, but he was very happy to get the job.

On the first day, the manager at the newspaper office said, "I'll help you [illegible]day." They put newspapers outside people's houses together.

[illegible] did Jason have to do in his job?

1 Make and sell some drinks.
2 Clean people's houses.
3 Take newspapers to people's houses.
4 Work at a supermarket.

[illegible]son は[illegible]事でしなければなりませんでしたか？

1 [illegible]
2 人びとの家をそうじする。
3 新聞を人びとの家に持っていく。
4 スーパーマーケットで働く。

[illegible]

[illegible]キーワードを探して丸で囲む → have to を丸で囲む
[illegible] Step 1 と[illegible]するキーワードを探して丸で囲む→ had to を丸で囲む
[illegible]下線を引く
→ Every morning, と He had to で始まる文に下線を引く
[illegible] → take newspapers to people's houses が同じなので **3** が正解！

Jason の夏の仕事

[illegible]、Jason は新しいコンピューターがほしかったので、夏休みの間仕[illegible]びとの家に新聞を持っていかなければなりませんでした。彼は朝早[illegible]が、仕事に就いてとても幸せでした。
[illegible]「[illegible]きみを手伝うよ。」と言いました。彼らはいっしょに人びとの家の
[illegible]

Unit 9　ミニ模試　(問題は本冊の p. 85 ～ p. 87)

答え

問題1

No. 1	*No. 2*	*No. 3*	*No. 4*	*No. 5*
1	**3**	**4**	**1**	**2**

問題2

(1)	*(2)*	*(3)*	*(4)*	*(5)*	*(6)*	*(7)*	*(8)*
1	**2**	**4**	**2**	**4**	**3**	**3**	**1**

問題3

(1)	*(2)*
2	**1**

問題1

No. 1 答え **1**

☆ My favorite band will have a concert next month. I'm going with my friend. I have a lot of their CDs and often listen to them.
Question: What will the girl do next month?

☆ 私のお気に入りのバンドが来月コンサートをします。私は友達と行く予定です。私はたくさん彼らの CD を持っており、よく聞きます。
質問：女の子は来月何をするつもりですか？

選択肢の訳　**1　コンサートに行く。**　2　本を読む。
3　新しいネコを買う。　4　何人かの友達を訪ねる。

解説　質問にある next month がキーワードです。will や be going to ~ といった【未来】を表す表現をおさらいしておきましょう。

No. 2 答え **3**

★ Naomi and Rick are going to watch a movie tonight. Naomi will work late, so Rick will wait for her at the movie theater.
Question: Where will Rick wait for Naomi?

★ Naomi と Rick は今夜映画を観に行く予定です。Naomi はおそくまで働くので、Rick は映画館で彼女を待つつもりです。
質問：Rick はどこで Naomi を待つつもりですか？

選択肢の訳　1　図書館で。　2　駅で。
3　映画館で。　4　学校で。

解説　選択肢(せんたくし)がすべて At で始まっているので、【場所】について聞かれていると考えます。場所に関する単語が出てこないか、注意して聞きましょう。

[illegible] 4

[illegible]ekend, Maria and I visited my [illegible]other. My grandmother made us [illegible] and we ate it together. I was very [illegible] because the cake was my favorite [illegible]

☆ 先週末、Maria と私は祖母を訪ねました。祖母はケーキを作ってくれ、私たちはいっしょに食べました。ケーキは私の好きなデザートなので、とてもうれしかったです。

[illegible] Why was the girl happy?

質問：なぜ女の子はうれしかったのですか？

[illegible] 1 [illegible] 2 テニスの試合に勝ったから。
3 [illegible] 4 好きな食べ物を食べたから。

[illegible] Because で始まっているので、【理由】を聞かれる問題だと考えましょう。話[illegible] because の[illegible]ので、前後の文に注意して聞きましょう。

[illegible] 1

[illegible]sually cleans his room and plays [illegible] on Saturdays. But last Saturday, [illegible]died for a test all day.

★ Tom はふだん土曜日に部屋のそうじをしてテニスをします。でも先週の土曜日は、一日中テストのために勉強しました。

[illegible] What did Tom do last Saturday?

質問：Tom は先週の土曜日何をしましたか？

[illegible] 1 テストのために勉強した。 2 買い物に行った。
3 [illegible] 4 ピアノを弾いた。

[illegible] last Saturday がキーワードです。Tom が過去に何をしたのか聞かれているの[illegible]【過去】を表す表現に気をつけましょう。

[illegible] 2

[illegible] going to the botanical garden near [illegible] I can see many flowers and [illegible] pictures of them. I like the tulips [illegible]est.

☆ 私は家の近くの植物園へ行くのが好きです。たくさんの花を見て、写真を撮ることができます。チューリップが一番好きです。

[illegible] What is the girl talking about?

質問：女の子は何について話していますか？

[illegible] 1 [illegible]のホテル 2 家の近くの植物園。
3 [illegible]テニスコート 4 駅近くの図書館。

[illegible]を示しています。建物や場所に関する単語が出てこないか注意しま[illegible] talk about ～ は「～について話す」という意味で、話の内容全体が問題になっていま[illegible]

問題2

(1) 答え **1**

A: 公園でピクニックをしよう！
B: いいアイデアだね！今日は晴れているよ。

1 ある、持つ　2 取る
3 得る　4 飲む

解説 have a picnic で「ピクニックをする」という意味です。

(2) 答え **2**

A: おくれてごめんなさい、Rick。
B: 大丈夫(だいじょうぶ)だよ、Naomi。たった5分しか待っていないよ。

1 （スピードが）おそい
2 （時間が）おそい、おくれた
3 長い
4 いそがしい

解説 be late で「（時間に）おくれる」という意味です。使う場合は、Sorry と謝るのを忘れずに。

(3) 答え **4**

来週、Risa は桜を見るために公園に行くつもりです。

1 見た
2 見る（基本の形）
3 見る（主語が he、she、it などのとき）
4 見るために

解説 〈to ＋ 基本の形〉で「～するために」という意味です。

(4) 答え **2**

私は先週静岡へバス旅行に行きました。

1 行く（主語が I、you、we、they などのとき）
2 行った
3 行く（主語が he、she、it などのとき）
4 行くつもりだ

解説 last week とあるので、過去のできごとだとわかります。

(5) 答え **4**

その電車は今晩7時にロサンゼルスに向けて出発するでしょう。

1 ～の下に　2 ～といっしょに
3 ～の上に　**4 ～に向けて**

解説 leave for ～ で「～に向けて出発する」となります。for には向かう方向を強調する働きがあります。

(6) 答え **3**

A: いつ北海道に行ったの、Ken？
B: そこへは3年前に行ったよ。

1 どの　2 だれの
3 いつ　4 どこ

解説 B さんが three years ago と答えているので、A さんが日時を聞いていることがわかります。

(7) 答え **3**

私の祖父母は湖のそばに住んでいます。そして私は休みの間よく彼らを訪ねます。

1 ～の中に　2 近い
3 ～のそばに　4 ～へ、～に

解説 in the lake だと湖の中（水の中）に住んでいることになり、不自然です。by が正解です。

(8) 答え **1**

昨日、私は祖父とつりに行きました。私は魚を10ぴきつりました。

1 つった　2 来た
3 ねた　4 言った

解説 catch には「つかまえる、つる」という意味があります。

(1) 2 (2) 1

om: Alex Smith
: Thomas Baxter
ate: December 10
bject: Christmas Party

Step 2

ar Thomas,
ank you for inviting me to your Christmas party. I am going to take the bus at
00. I'll get to your house at 1:30. Please tell me more about the party. How many
ople will come to the party? I'll make some cookies and bring them.
e you soon,
lex

Step 3　Step 1　Step 4

time will Thomas arrive at the party?

At 1:00.　　**2 At 1:30.**

At 2:00.　　**4** At 3:00.

omasは何時にパーティーに着くつもりですか？

1時。　　2 1時30分。

2時。　　4 3時。

St　　　質問の中のキーワードを探して丸で囲む → arrive at を丸で囲む
St　　　本文から **Step 1** と関連するキーワードを探して丸で囲む→ get to を丸で囲む
St　　　キーワードをふくむ文に下線を引く → I'll get to で始まる文に下線を引く
St　　　選択肢とくらべる → at 1:30 が同じなので **2** が正解！

From: Alex Smith
To: Thomas Baxter
Date: December 10
Subject: Christmas Party

Step 3

Step 2

Dear Thomas,
Thank you for inviting me to your Christmas party. I am going to take the bus at 1:00. I'll get to your house at 1:30. Please tell me more about the party. How many people will come to the party? I'll make some cookies and bring them.
See you soon,
Alex

Step 4

Step 1

(2) Who will make some cookies for the party?

1 **Alex.**
2 Thomas.
3 Alex's sister.
4 Thomas' mother.

訳 だれがパーティーのためにクッキーを作るつもりですか？

1 Alex。
2 Thomas。
3 Alex の姉。
4 Thomas の母。

(2) の解き方のコツ

Step 1 質問の中からキーワードを探して丸で囲む → make some cookies を丸で囲む
Step 2 E メールから **Step 1** と関連するキーワードを探して丸で囲む
→ make some cookies を丸で囲む
Step 3 キーワードをふくむ文に下線を引く → I'll make で始まる文に下線を引く
Step 4 選択肢（せんたくし）と見比べて考える → I はメール差出人の Alex なので **1** が正解！

送信元：Alex Smith
あて先：Thomas Baxter
日付：12 月 10 日
件名：クリスマスパーティー

親愛なる Thomas、
ぼくをクリスマスパーティーに招待してくれてありがとう。ぼくは 1 時のバスに乗る予定だよ。きみの家には 1 時 30 分に着くつもりだよ。パーティーについてもっと教えてよ。パーティーには何人来るのかな？ ぼくはクッキーを作って持っていくつもりだよ。
またね、
Alex

Unit 10　ミニ模試（問題は本冊の p. 93 ～ p. 95）

No. 1	No. 2	No. 3	No. 4	No. 5
2	3	2	3	1

(1)	(2)	(3)	(4)	(5)	(6)	(7)	(8)
2	1	1	4	2	4	1	3

(1)	(2)
2	4

答え 2

★ [illegible]e are you going this weekend?
☆ [illegible] river near our town.
★ [illegible] will you do there?
1 [illegible] at all.
2 [illegible]ll go fishing.
3 [illegible]orry, I have to go now.

★ 今週末どこに行く予定なの？
☆ 街の近くの川へ。
★ そこで何をするつもりなの？
1 まったくないの。
2 **つりに行くつもりだよ。**
3 ごめんね、私もう行かなきゃ。

there は「そこで」という意味で、a river を指しています。話しの流れに合う 2 が正解です。

答え 3

★ [illegible] Risa. How was your vacation?
☆ [illegible]as very nice.
★ [illegible]ere did you go?
1 Yes, I do.
2 Well, this watch is new.
3 I went camping with my family.

★ やあ、Risa。休暇(きゅうか)はどうだった？
☆ すごくよかったよ。
★ どこに行ったの？
1 うん、そうよ。
2 そうね、このうで時計は新しいね。
3 **家族といっしょにキャンプに行ったの。**

[illegible] Where で始まる過去の文です。Yes や No で答えられないので 1 は不正解。現在の[illegible]合わない 2 も不正解です。

No. 3 答え **2**

☆ It's sunny and hot today.
★ Yes. Let's go to the pool today!
☆ How do we get there?
1 She ate ice cream.
2 By bus.
3 On Sunday.

★ 今日は晴れていて暑いね。
☆ うん。今日はプールに行こうよ！
★ どうやってそこに行くの？
1 彼女はアイスクリームを食べたよ。
2 バスで。
3 日曜日に。

解説 How は「どのように」という意味で、手段や状態などを質問するときによく使われます。get は「手に入れる、もらう」という意味ですが、get home や get there のような使い方で「～に着く」という意味になります。

No. 4 答え **3**

★ Let's play soccer on Sunday!
☆ Sure.
★ I'll meet you at the soccer field at ten.
1 I went to a restaurant.
2 You're welcome.
3 See you then.

★ 日曜日にサッカーをしようよ！
☆ いいよ。
★ サッカー場で 10 時に会おう。
1 レストランに行ったよ。
2 どういたしまして。
3 じゃ、そのときにね。

解説 日曜日の 10 時に会う約束をしています。次に会う約束がある人とは See you then. と言うことが多いです。

No. 5 答え **1**

★ Are you doing anything this weekend?
☆ No. How about you?
★ I'm going to watch a movie.
1 Have a nice time.
2 In the kitchen.
3 I like summer.

★ 今週末何かするの？
☆ 何もしないよ。あなたはどう？
★ 映画を観る予定だよ。
1 いい時間を過ごしてね。
2 台所だよ。
3 夏が好きよ。

解説 男の子は映画を観るようです。このようにパーティーや旅行など、相手に何か楽しみな予定があるときは、Have a nice time. や Have a nice day. と声をかけます。

(5) 答え 2

A: おばあさんはあなたをよく訪ねますか？
B: はい。毎週日曜日彼女に会います。

1　置く　　**2　会う**
3　そうじする　　4　描く

解説 see には「見る」だけではなく、「会う」という意味もあります。

(6) 答え 4

私のおじは昨年の夏とても人気のある美術館へ私を連れていってくれました。

1　見た　　2　聞いた
3　思った　　**4　（手に）取った**

解説 〈take ~ to ...〉で「～を…に連れていく」という意味です。

(7) 答え 1

A: 次の日曜日友達と勉強するつもりかい？
B: うん、Anna と勉強するつもりよ。

1　友達　　2　道路
3　景色　　4　レポート

解説 study with ~ で「～といっしょに勉強する」という意味です。1 が自然につながります。

(8) 答え 3

A: 来週末ピクニックに行ってもいいかな？
B: もちろん。いい天気だといいね。

1　（主語が I、you、we、they などのとき）
2　（主語が you、we、they などのとき）
3　できる
4　（主語が he、she、it などのとき）

解説 Can we ~ ? は相手に許可を求めたり、提案したりするときに使います。

問題3 答え *(1)* **2** *(2)* **4**

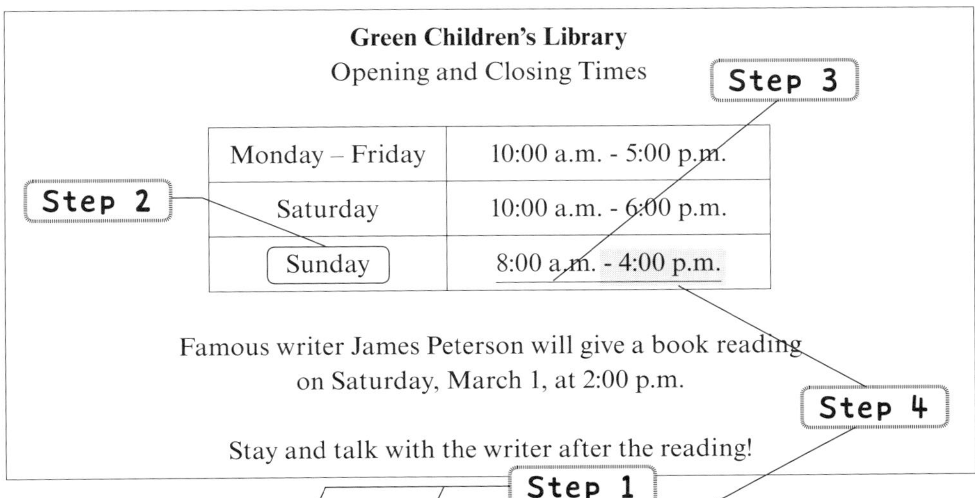

Green Children's Library

Opening and Closing Times

Monday – Friday	10:00 a.m. - 5:00 p.m.
Saturday	10:00 a.m. - 6:00 p.m.
Sunday	8:00 a.m. - 4:00 p.m.

Famous writer James Peterson will give a book reading on Saturday, March 1, at 2:00 p.m.

Stay and talk with the writer after the reading!

(1) What time will the library close on Sunday?

1 At 10:00 a.m.　　**2 At 4:00 p.m.**

3 At 5:00 p.m.　　**4** At 6:00 p.m.

訳 図書館は日曜日何時に閉まりますか？

1 午前10時。　　**2 午後4時。**

3 午後5時。　　4 午後6時。

(1) の解き方のコツ

Step 1 質問の中からキーワードを探して丸で囲む → Sunday と close を丸で囲む

Step 2 掲示（けいじ）から **Step 1** と関連するキーワードを探して丸で囲む

→ Sunday を丸で囲む。close は文中にはないけれど閉館するということ！

Step 3 キーワードをふくむ文に下線を引く → 8:00 a.m. をふくむ部分に下線を引く

Step 4 選択肢（せんたくし）と見比べて考える → Sunday の閉館時間は 4:00 p.m. なので、**2** が正解！

Green Children's Library
Opening and Closing Times

Monday - Friday	10:00 a.m. - 5:00 p.m.
Saturday	10:00 a.m. - 6:00 p.m.
Sunday	8:00 a.m. - 4:00 p.m.

Step 2

Famous writer James Peterson will give a book reading on Saturday, March 1, at 2:00 p.m.

Step 3

Stay and talk with the writer after the reading!

Step 4

Step 1

(20) What can children do at the library on March 1?

1 Write stories at the library.
2 Buy some books.
3 Watch a movie.
4 Talk with the writer.

3月1日に図書館で子どもたちは何ができますか？

1 図書館で物語を書く。
2 何さつか本を買う。
3 映画を見る。
4 作家と話す。

解き方のコツ

Step 1 質問文にあるキーワードを探して丸で囲む → March 1 を丸で囲む
Step 2 本文から Step 1 と関連するキーワードを探して丸で囲む→ March 1 を丸で囲む
Step 3 キーワードをふくむ文とその後ろの文に下線を引く
→ Famous writer と Stay and talk から始まる文に下線を引く
Step 4 選択肢と本文を比べる → talk with the writer が同じなので **4** が正解！

グリーン子ども図書館
開館と閉館の時間

月曜日～金曜日	午前 10 時～午後 5 時
土曜日	午前 10 時～午後 6 時
日曜日	午前 8 時～午後 4 時

有名な作家である James Peterson が 3 月 1 日（土曜日）の午後 2 時に読書会を行います。

読書後も作家とお話ししてね！

Unit 11　ミニ模試 (問題は本冊の p. 101 ～ p. 103)

答え

問題1

No. 1	No. 2	No. 3	No. 4	No. 5
3	1	4	3	2

問題2

(1)	(2)	(3)	(4)	(5)	(6)	(7)	(8)
1	3	1	4	4	4	2	4

問題3

(1)	(2)
2	3

問題1

No. 1 答え **3**

★ What would you like to drink?
☆ What do you have?
★ We have coffee, tea, orange juice and apple juice.
☆ I'll have some orange juice.
Question: What does the girl want?

★ 何をお飲みになりますか？
☆ 何がありますか？
★ コーヒー、お茶、オレンジジュース、そしてりんごジュースがございます。
☆ オレンジジュースをいただきます。
質問：女の子は何がほしいですか？

選択肢の訳　1 コーヒー。　2 お茶。　**3 オレンジジュース。**　4 りんごジュース。

解説　選択肢(せんたくし)に飲み物が並んでいます。質問は女の子がほしい飲み物なので、女の子のセリフに注意しましょう。I will have ~ で「～をいただく、～をもらう」という意味になり、よくレストランで食べ物を注文するときに使います。

No. 2 答え **1**

★ The desserts at this restaurant look really good, Mom.
☆ You can have one. Which is better, ice cream or chocolate cake?
★ I'll have the chocolate cake.
☆ Sure.
Question: What does the boy want to do?

★ このレストランのデザートは本当においしそうだね、お母さん。
☆ 1つ食べていいわよ。アイスクリームとチョコレートケーキ、どっちがいい？
★ チョコレートケーキをもらうよ。
☆ もちろん。
質問：男の子は何をしたいですか？

選択肢の訳　**1 デザートをもらう。**　2 夕食を作る。　3 ハンバーガーを何個か買う。　4 カフェテリアに行く。

解説　会話の中で男の子は I'll have the chocolate cake. と言っているので、Get a dessert. が正解です。have にも get にも「もらう」という意味があります。

4

zza is really good. ★ このピザは本当においしいね。

's delicious. ☆ そうね、おいしいね。

have some more? ★ もっともらってもいいかい？

go ahead. ☆ もちろん、どうぞ。

: What does the man want to do? 質問：男性は何がしたいですか？

2 パイを作る。

4 もっとピザをもらう。

want to ＋ 基本の形〉で表現できますが、会話の中では want to ~ Can I have some more? というセリフから、男性がもっとピザがほし

3

se me, are there any restaurants here? ☆ すみません、この近くにレストランはありますか？

e is a sushi restaurant over there. ★ あちらにすし屋がありますよ。

k you. ☆ ありがとうございます。

're welcome. ★ どういたしまして。

n: What is the girl doing? 質問：女の子は何をしていますか？

2 台所をそうじしている。

3 レストランを探している。 4 電話で話している。

are there any restaurants ~? とたずねています。ここからレストラ りあります。知らない人に質問するときは、Excuse me から話し始め

2

y I help you? ★ いらっしゃいませ。

uld I have a soda, please? ☆ ソーダを１ついただけますか？

ich size would you like? ★ どのサイズがよろしいですか？

dium, please. ☆ 中くらいのサイズでお願いします。

ion: What is the woman doing? 質問：女性は何をしていますか？

を買っている。 2 飲み物をもらっている。

ている。 4 理科を勉強している。

ould I have a soda, please? と言っているので、お店で飲み物を注文していると考

話のやり取りから場面を想像する力をつけましょう。

問題2

(1) 答え **1**

そのカフェテリアは図書館と同じくらい大きいです。

1 大きい　　2 すみ切った
3 優しい　　4 重い

解説 カフェテリアと図書館を比較(ひかく)しています。ここで比べることができるのは大きさです。

(2) 答え **3**

そのレストランにはたくさんの種類のカレーライスがあります。

1 店　　2 制服
3 種類　　4 一員

解説 kind は「優しい」と「種類」の２つの意味があります。複数の異なる意味を持つ単語も覚えていきましょう。

(3) 答え **1**

A: お母さん、スープがほしいよ。
B: いいわよ、でも気をつけてね。とても熱いよ。

1 暑い、熱い　　2 長い
3 高い　　4 いっぱいの

解説 be careful は「気をつけて」という意味です。自然に会話がつながるのは１です。

(4) 答え **4**

A: このアイスクリーム店はかなりよかった！ また来よう！
B: いい考えだね。

1 ～前に　　2 元気な
3 ～もまた　　**4 また**

解説 again は「また、再び」という意味です。Come back again.や See you again. という形で英検によく出てきます。

(5) 答え **4**

どんな日本食が好きですか、Amy？

1 （主語が you、we、they などのとき）
2 （主語が he、she、it などのとき）
3 （主語が he、she、it などのとき）
4 （主語が I、you、we、they などのとき）

解説 Amy に対して質問していることがわかるので、do you like とつながる４が正解です。

(6) 答え **4**

A: もっとサラダをどう、Ken？
B: いや、ありがとう、お母さん。お腹がいっぱいだよ。

1 異なる　　2 単純な
3 人気の　　**4 いっぱいの**

解説 full は容器などが満ちた状態のことを言います。I'm full. で「お腹がいっぱいです。」となります。

(7) 答え **2**

このレストランはスパゲッティで有名です。

1 すみ切った　　**2 有名な**
3 重い　　4 速い

解説 be famous for ～ で「～で有名である」という意味です。観光地やお店の紹介(しょうかい)文でよく見る表現です。

(8) 答え **4**

A: 夕食はどこに行くの、お父さん？
B: 中華(ちゅうか)料理店に行こう。

1 だれ　　2 いつ
3 だれの　　**4 どこ**

解説 B さんが Let's go to the Chinese restaurant. と言っているので、A さんが【場所】について聞いているとわかります。

[illegible] (1) 2 (2) 3

Grandma's Birthday Party

Step 3

Last Sunday, Risa's grandmother had a party at a restaurant. Risa and her mother went to the party.

On Sunday morning, Risa and her mother bought some flowers for her grandmother. Risa also made some cookies for her birthday present. Risa and her mother arrived at 11:30. Risa's cousin, Maria, arrived at 11:45.

Maria brought a pair of gloves for grandma's birthday present. The party started at 12:00.

Step 4

Step 1

[illegible] time did Risa and her mother arrive at the restaurant?

1 At 11:00. 2 **At 11:30.**

3 At 11:45. 4 At 12:00.

[illegible] Risa [illegible]レストランに着きましたか？

[illegible] 2 11時30分。

[illegible] 4 12時。

1 [illegible]キーワードを探して丸で囲む→ Risa and her mother arrive を丸で囲む

2 [illegible] Step 1 [illegible]するキーワードを探して丸で囲む

→ Risa and her mother arrived を丸で囲む

3 [illegible]下線を引く → Risa and her mother で始まる文に下線を引く

4 [illegible] → at 11:30 が同じなので **2** が正解！

Step 2

Grandma's Birthday Party

Last Sunday, Risa's grandmother had a party at a restaurant. Risa and her mother went to the party.

On Sunday morning, Risa and her mother bought some flowers for her grandmother. Risa also made some cookies for her birthday present. Risa and her mother arrived at 11:30. Risa's cousin, Maria, arrived at 11:45.

Maria brought a pair of gloves for grandma's birthday present. The party started at 12:00.

Step 3　Step 1　Step 4

(2) What did Maria bring?

1 Some flowers.　**2** Some cookies.

3 **A pair of gloves.**　**4** A present for Risa.

訳 Maria は何を持ってきましたか？

1 何本かのお花。　2 何枚かのクッキー。

3 1組の手ぶくろ。　4 Risa へのプレゼント。

(2) の解き方のコツ

Step 1 質問の中からキーワードを探して丸で囲む → Maria bring を丸で囲む

Step 2 英文から **Step 1** と関連するキーワードを探して丸で囲む
→ Maria brought を丸で囲む

Step 3 キーワードをふくむ文に下線を引く → Maria brought で始まる文に下線を引く

Step 4 選択肢(せんたくし)と見比べる → a pair of gloves が同じなので **3** が正解！

おばあちゃんの誕生日パーティー

先週の日曜日、Risa のおばあちゃんはレストランでパーティーをしました。Risa とお母さんはパーティーに行きました。

日曜日の朝、Risa とお母さんはおばあちゃんのために何本か花を買いました。Risa は彼女の誕生日プレゼントとしてクッキーも何枚か作りました。Risa とお母さんは 11 時 30 分に着きました。Risa のいとこの Maria は 11 時 45 分に着きました。

Maria はおばあちゃんの誕生日プレゼントとして 1 組の手ぶくろを持ってきました。パーティーは 12 時に始まりました。

Unit 12　ミニ模試（問題は本冊の p. 109 ～ p. 111）

No. 1	No. 2	No. 3	No. 4	No. 5
3	3	2	4	2

(1)	(2)	(3)	(4)	(5)	(6)	(7)	(8)
1	2	4	4	2	3	2	2

(1)	(2)
4	1

[illegible] 3

[illegible] went to a concert with two friends. [illegible] concert was three hours long. Ken [illegible] tired, but he had fun.
[illegible]: How long was the concert?

★ Ken は 2 人の友達とコンサートに行きました。コンサートは 3 時間もの長さでした。Ken はつかれましたが、楽しく過ごしました。
質問：コンサートはどれくらいの長さでしたか？

[illegible]　1 [illegible]　2　2 時間の長さ。
3　3 時間の長さ　4　4 時間の長さ。

[illegible] How long ～? はものや時間の長さをたずねるときに使われます。答えるとき [illegible] ～ hours long や ～ meters long のように単位に long を付けて言うとよいでしょう。

[illegible] 3

[illegible] and Anna are classmates. They do [illegible] homework together every Saturday. [illegible] Saturday, Anna is going fishing [illegible] her family, so Risa will study with [illegible] brother.
[illegible]on: Who will go fishing this [illegible] Saturday?

☆ Risa と Anna はクラスメイトです。彼女たちは毎週土曜日にいっしょに宿題をします。今週の土曜日、Anna は家族とつりに行くので、Risa は兄と勉強するつもりです。
質問：だれが今週の土曜日につりに行くつもりですか？

[illegible]　1 Risa。　2　Risa の兄。
3　Anna。　4　Anna の兄。

[illegible]、人の名前に注目して聞きましょう。

No. 3 答え **2**

☆ Risa and her friend Amy went on a picnic today. Risa brought some rice balls, and Amy brought some sandwiches. They had fun.
Question: What did Amy bring to the picnic?

☆ Risa と友達の Amy は今日ピクニックに行きました。Risa はおにぎりを、Amy はサンドイッチを持ってきました。彼女たちは楽しく過ごしました。
質問：Amy はピクニックに何を持ってきましたか？

選択肢の訳　1　おにぎり。　**2　サンドイッチ。**
3　パンケーキ。　4　クッキー。

解説　選択肢（せんたくし）を見ると、食べ物ばかりが並んでいます。話の中で食べ物が出てきたら、選択肢（せんたくし）の横にマークするなどしてメモを取りましょう。Amy についての質問なので、Risa とまちがえないように注意しましょう。

No. 4 答え **4**

☆ My best friend's birthday is tomorrow, so today I bought some beautiful pens for her. Tomorrow, we're going to make a cake together.
Question: What did the girl do today?

☆ 私の親友の誕生日が明日なので、今日何本かきれいなペンを彼女のために買いました。明日、私たちはいっしょにケーキを作る予定です。
質問：今日女の子は何をしましたか？

選択肢の訳　1　図書館に行った。　2　父を手伝った。
3　姉と勉強した。　**4　友達のためにプレゼントを入手した。**

解説　正解は 4 ですが、話の中では got a present for her friend とは出てきません。My best friend's birthday is tomorrow と言っていることから、some beautiful pens が誕生日プレゼントとして購入（こうにゅう）されたと考えられます。

No. 5 答え **2**

★ Ken and Tom went to a library to study today. But the library was closed, so they studied at Ken's house.
Question: Where did the boys study today?

★ Ken と Tom は今日勉強しに図書館へ行きました。でも図書館は閉まっていたので、彼らは Ken の家で勉強しました。
質問：今日どこで男の子たちは勉強しましたか？

選択肢の訳　1　図書館で。　**2　Ken の家で。**
3　Tom の家で。　4　教室で。

解説　but は「でも、しかし」という意味です。but の後ろには、前の内容と異なる情報がふくまれます。話の流れを変える働きを持つのが but です。注意して聞きましょう。

(5) **答え** **2**

A: Tom に電話しなくちゃ。きみは彼の電話番号を覚えているかい？
B: ごめんね。覚えていないんだ。

1　彼は　　　　**2　彼の**
3　彼を　　　　4　彼らを

解説 telephone number と自然につながるのは 2 です。B さんのセリフ I don't. は I don't remember. の略です。

(6) **答え** **3**

A: 昼食に行こうよ、Ken！
B: いいよ、でも Tom を待とうよ。彼はすぐここに来るよ。

1　答える　　　　2　教える
3　待つ　　　　4　起きる

解説 wait for ~ で「~を待つ」という意味です。

(7) **答え** **2**

私は今日の午後友達とサッカーをする予定です。

1　(スポーツなどを) する
2　(be going to ~ の形で) ~する予定だ
3　(スポーツなどを) すること
4　(スポーツなどを) した

解説 未来の形についての問題です。〈be going to ＋ 基本の形〉で「~する予定だ」となります。

(8) **答え** **2**

先月、新しい生徒が Risa の学校に来ました。Risa は彼女とすぐに仲良くなりました。

1　彼女は　　　　**2　彼女を**
3　彼女のもの　　4　彼らを

解説 with のあとにくるのは her です。with him、with them などもすぐに言えるようにしておきましょう。

問題3 答え (1) 4 (2) 1

A visitor from Canada

Step 2　Step 3

Takuma is 14 years old and lives in Japan. On August 4, a student from Canada came and stayed at Takuma's house for two weeks. His name is Joe. Joe arrived on Saturday. Takuma said, "Let's go to a pool tomorrow."

On Sunday morning, Takuma looked outside. He said to Joe, "It's hot and sunny outside. Let's go to a pool! It has a big water slide. It's going to be fun!"

Step 1　Step 4

(1) How long did Joe stay at Takuma's house?

1 For two days.　**2** For a week.

3 For ten days.　**4** **For two weeks.**

訳 Joe は Takuma の家にどのくらい滞在(たいざい)しましたか？

1　2日間。　2　1週間。

3　10日間。　**4　2週間。**

(1) の解き方のコツ

Step 1　質問の中からキーワードを探して丸で囲む → stay at Takuma's house を丸で囲む

Step 2　英文から **Step 1** と関連するキーワードを探して丸で囲む

→ stayed at Takuma's house を丸で囲む

Step 3　キーワードをふくむ文に下線を引く → On August 4 で始まる文に下線を引く

Step 4　選択肢(せんたくし)と見比べる → for two weeks が同じなので **4** が正解！

A visitor from Canada

Step 2

[illegible] Takuma is 14 years old and lives in Japan. On August 4, a student from [illegible]ada came and stayed at Takuma's house for two weeks. His name is Joe. Joe [illegible]ed on Saturday. Takuma said, "Let's go to a pool tomorrow."

[illegible] On Sunday morning, Takuma looked outside. He said to Joe, "It's hot and [illegible] outside. Let's go to a pool! It has a big water slide. It's going to be fun!"

Step 1

Step 4

[illegible]day morning it was

[illegible]	**2** windy.
[illegible]	**4** rainy.

[illegible]

[illegible]かった	2 風が強かった。
[illegible]	4 雨が降っていた。

[illegible]

[illegible]して丸で囲む → On Sunday morning を丸で囲む

[illegible] Step 1 [illegible]キーワードを探して丸で囲む

[illegible] On Sunday morning を丸で囲む

[illegible]後ろの文に下線を引く

[illegible] On Sunday morning [illegible] He said で始まる文に下線を引く

[illegible] → hot [illegible]同じなので 1 が正解！

カナダからの訪問者

[illegible]ます。8月4日、カナダからの学生が来て Takuma の家に 2 [illegible] Joe です。Joe は土曜日に来ました。Takuma は「明日プールに行こ[illegible]

[illegible] Takuma は[illegible]した。彼は Joe に「外は暑いし晴れているね。プールに行こう[illegible]んだ。楽しくなりそうだよ！」と言いました。

仕上げの模試　(問題は本冊の p. 114 ～ p. 127)

答え

問題1

(1)	(2)	(3)	(4)	(5)	(6)	(7)	(8)	(9)	(10)
2	3	4	3	4	1	2	1	4	3

(11)	(12)	(13)	(14)	(15)
3	2	2	4	1

問題2

(16)	(17)	(18)	(19)	(20)
1	3	4	1	2

問題3

(21)	(22)	(23)	(24)	(25)
1	2	4	3	2

問題4

(26)	(27)	(28)	(29)	(30)	(31)	(32)	(33)	(34)	(35)
1	3	3	2	4	4	3	1	4	3

第 1 部

No.1	No.2	No.3	No.4	No.5	No.6	No.7	No.8	No.9	No.10
3	1	1	2	1	3	2	1	3	2

第 2 部

No.11	No.12	No.13	No.14	No.15	No.16	No.17	No.18	No.19	No.20
2	3	1	1	4	3	3	2	4	2

第 3 部

No.21	No.22	No.23	No.24	No.25	No.26	No.27	No.28	No.29	No.30
2	1	1	4	3	2	4	3	4	2

(5) 答え 4

A: 今日はお昼に何を食べたいですか？
B: サラダが食べたいです。

1 飲む　　2 乗る
3 書く　　**4 食べる**

解説 have は「持つ」の意味もありますが、have a salad のように後ろに【食べ物】を続けて「食べる」の意味で使うこともできます。

(6) 答え 1

Mark の学校の制服は彼には小さすぎます。彼はより大きいのが必要です。

1 制服　　2 バター
3 答え　　4 招待

解説 too small「小さすぎる」と言っているので、uniform「制服」が正解です。a larger one の one は uniform の代わりに使われています。

(7) 答え 2

Jeff は毎年ちがう国に行きます。今年はイタリアを訪れるつもりです。

1 新聞　　**2 国**
3 情報　　4 電話

解説 goes to ~「～に行く」の後ろに続くのは country「国」しかありません。2 つ目の文で「今年はイタリアへ行くつもりだ」と言っているのも大きなヒントです。

(8) 答え 1

A: 暑くなってきたね。上着をぬいだほうがいいよ。
B: うん、そうするよ。

1 ぬぐ　　2 降りる
3 動める　　4 入る

解説 A さんが「暑くなってきた」と言っていること、そして jacket「上着」という単語から、「上着をぬぐ」という内容だと想像できます。

(9) 答え **4**

A: この問題の答えがわかる人？
B: わかります！

1 持ってくる　2 ける
3 つかむ　**4 わかる**

解説 the answer to this question「この問題の答え」とあるので、know が自然につながります。B さんのセリフにある do は know の代わりに使われています。

(10) 答え **3**

Kevin はねる前にお風呂(ふろ)に入りました。

1 去った
2 話した
3 (took a bath で) お風呂(ふろ)に入った
4 思った

解説 take a bath で「お風呂(ふろ)に入る」という意味です。take の過去の形は took です。

(11) 答え **3**

A: 自転車を飛ばしすぎないで、Kim！ 速度を落として。
B: わかったよ。ごめんなさい。

1 ～の中に
2 ～のそばに
3 (slow down で) 速度を落とす
4 ～といっしょに

解説 Don't ~「～しないで」、too fast「速すぎる」という表現から、A さんが「速度を落としなさい」と注意している場面だとわかります。slow は「おそくする」、down は「下に」という意味で、この 2 つがくっつくと「速度を落とす」となります。

(12) 答え **2**

世界中の学生がインターナショナルフェスティバルに来ました。

1 ～へ
2 (all over the world で) 世界中
3 ～の近くに
4 ～のために

解説 all over ~ は「一面に」というイメージで覚えるとよいでしょう。ほかに、all over the country「国中いたるところに」もあります。

(13) 答え **2**

A: ここの近くに郵便局はありますか？
B: はい、通りの向こう側にありますよ。

1 これら　**2 (there is ～ で) ～がある**
3 あれら　4 彼らは、それらは

解説 near here「ここの近くに」、across the street「通りの向こう側に」という表現から、【場所】をたずねる会話だと想像できます。

(14) 答え **4**

A: Jessica、きみのことをカフェテリアで探していたんだ。どこにいたの？
B: ごめんね、Smith 先生と話していたの。

1 いる（主語が he、she、it などのとき）
2 いる（主語が I のとき）
3 いた（主語が I、he、she、it などのとき）
4 いた（主語が you、they などのとき）

解説「あなたはどこにいますか？」は Where are you? ですが、「どこにいましたか？」と【過去】についてたずねる場合は Where were you? となります。

(15) 答え **1**

A: 先週の日曜日はつりに行ったの？
B: ううん、その日は雨が激しく降っていたよ。

1 雨が降っている
2 雨が降る（主語が he、she、it などのとき）
3 雨が降った
4 雨が降る（基本の形）

解説 was / were ~ing で「～していた」という意味です。基本の形に ing が付いている 1 が正解です。

(19) 答え 1

息子：スープはおいしかったよ。ありがとう、お母さん。
母親：どういたしまして。もっとほしい？
息子：ううん、お腹がいっぱいだよ。

1 もっとほしい？
2 あなたは何歳？
3 いっしょに行ってもいい？
4 あなたが作ったの？

解説 息子は最後のセリフで I'm full.「お腹がいっぱいだよ。」と言って母親の提案を断っています。Would you like ~ ? は「~がほしいですか？」という意味で、Do you want ~ ? よりもていねいな言い方です。Would you like more? の more の後ろには soup が省略されています。

(20) 答え 2

夫：レストランに電話したけど、だれも出なかったんだ。
妻：たぶん今日は閉まっているね。

1 それは好きじゃないよ。
2 だれも出なかったんだ。
3 今日は寒いね。
4 すわってください。

解説 but は前後の文を反対の意味でつなげるはたらきがあります。妻のセリフ Maybe they're closed「たぶん閉まっている」もあわせて考えると、(　　) には「だれも電話に出なかった」という意味を入れるのが自然だとわかります。

問題3

(21) 答え **1**

解説 Thank you for helping my sister. が正しい英文です。Thank you for ~ing.「～してくれてありがとう。」という表現を覚えておきましょう。

(22) 答え **2**

解説 Is Jake a member of the science club? が正しい英文です。a member of ~「～の一員、～のメンバー」というまとまりがわかれば、前後の単語をうまくつなげることができます。

(23) 答え **4**

解説 Is this your first time in Hawaii? が正しい英文です。日本文には「来ています」とありますが、come などの単語はありません。「これはあなたのハワイでの初めての時間ですか」と考えて、your first time in Hawaii とつなげます。

(24) 答え **3**

解説 Ken said the English test was a little difficult for him. が正しい英文です。「少し難しい」は a little difficult とつなげます。for him で「彼には、彼にとって」という意味になります。

(25) 答え **2**

解説 There are many places to visit in Tokyo. が正しい英文です。「～があります。」は There is / are ~. で表します。「訪れる場所がたくさん」は、「たくさんの訪れる場所」と考えて、many places の後ろに to visit を続けます。

問題4A

(26) 答え **1**

訳 今月の特別イベントはどこで行われますか？

1 サッカー競技場で。　2 音楽学校で。
3 レストランで。　4 大劇場で。

解説 Where ~ ? と【場所】を聞かれていますから、掲示(けいじ)の中から Place「場所」が書かれている部分を探します。Ocean Park Soccer Field とあるので、1 が正解です。

(27) 答え **3**

訳 イベントで、人びとは

1 新しい物語の本を 5 ドルで買うことができる。
2 サッカーを習得できる。
3 人気のある歌を聴(き)くことができる。
4 Jazzaroo と写真を撮(と)ることができる。

解説 イベントの内容がわかれば、人びとができることがわかります。perform popular songs とあるので、参加した人は Jazzaroo の音楽を聴(き)くことができると推測します。

今月の特別イベント

[illegible]と大人のためのジャズコンサート

[illegible]：4月10日　日曜日
[illegible]間：午後3時～午後4時
[illegible]ーシャンパーク　サッカー競技場

[illegible]バンドである Jazzaroo が来て、新しいCD『レインボー・イン・ザ・スカ[illegible]してくれます。このイベントのチケットは5ドルですが、古い本を2さつ持っ[illegible]きます。

[illegible]3つの質問があります
[illegible]Eメールから
[illegible]Eメールか下のEメールから（どちらか決まっていない）
[illegible]Eメールから
[illegible]方を読めば必ず解ける仕組みになっているのです。
[illegible]から出題される」というルールもあります。つまり、1つ目の質[illegible]Eメールの最後の文にある場合、2つ目の質問のヒントは必ず下のEメー[illegible]です。

3

Lucy [illegible]8月に何をするつもりですか？
[illegible]　2　Kana の家に泊まる。
3　[illegible]と京都を旅行する。　4　いろいろな着物を着る。
August [illegible]上のメールの中に3回出てきます。
・We will be in Osaka from August 20 to August 24.
・We are planning to take a train to Kyoto on August 23.
[illegible]Osaka と Kyoto を旅行するとわかります。

2

[illegible]ダンスの[illegible]を観に行くのはだれですか？
[illegible]　2　Kana の両親。　3　Lucy。　4　Lucy の両親。
dance performance という表現は、下のメールの中に1回出てきます。
・My parents will watch my dance performance. ...
[illegible]しましょう。このメールは Kana が書いたものなので、My parents は Kana [illegible]ます。

(30) 答え **4**

訳 Lucy と Kana が最後に会ったのはいつですか？

1　先月。　2　2か月前。　3　去年。　**4　2年前。**

解説 last time という表現は、下のメールの中に 1 回出てきます。

・The last time I saw you was in Canada two years ago.

という文に注目すると、最後に会ったのはカナダで、two years ago「2 年前」のことだとわかります。

送信元：Lucy Watson
あて先：Kana Suzuki
日付：7月3日
件名：夏休み

こんにちは、Kana、
いい知らせがあるよ！ 私の家族と私はもうすぐ日本を訪れるつもりなの！ 8月20日から8月24日まで大阪にいるよ。シティーサイドホテルに泊(と)まる予定なの。会いに来られるかな？ たぶんあなたのご両親ともいっしょに夕食を食べられるわね。8月23日には電車で京都に行く計画を立てているの。私の両親が着物を見てみたいんだって。あなたもいっしょに行きましょうよ！
Lucy

送信元：Kana Suzuki
あて先：Lucy Watson
日付：7月4日
件名：ありがとう！

こんにちは、Lucy
ぜひ会いたいわ！ 最後に会ったのは 2 年前のカナダだよね。8月20日午後2時から学校で発表会があるの。両親が私のダンスの発表を観るだろうから、終わったらホテルに行けるわ。私もあなたといっしょに京都に行けるよ！
ありがとう、
Kana

問題4C

(31) 答え **4**

訳 なぜ Mario はスペイン語が話せますか？

1　特別な学校に通っている。　2　テレビ番組を見ている。

3　彼の母親はスペイン語の先生だ。　**4　彼の父親はスペイン出身だ。**

解説 speak Spanish という表現は、1 つ目の段落に出てきます。

・He can speak English and Spanish because his father is from Spain.

because「なぜなら」の後ろでは、前の部分への理由や根拠(こんきょ)が説明されます。父親がスペイン出身なので、Mario はスペイン語を話せるのです。

3

Mari[illegible]いつホームステイに行きますか？

[illegible] 来週 [illegible] 3 来月。 4 来年。

homestay という単語は、*(31)* の続きの文に出てきます。

・Next month, he is going to Spain on a homestay.

と[illegible]注目すると、Mario がホームステイに行くのは Next month「来月」だとわかります。

1

Mario [illegible]スペインの歴史について学ぶためにどこに行きたいと思っていますか？

[illegible]い建物。 2 美術館。 3 高校。 4 イベント。

the history of Spain という表現は、*(32)* の続きの文に出てきます。

・He wants to learn about the history of Spain, so he will visit many old buildings.

という[illegible]注目すると、Mario が行きたいと思っているのは old buildings「古い建物」だとわかります。

4

Mario[illegible]は、Mario ま[illegible]

[illegible]考えた。 2 放課後にサッカーをするべきと考えた。

[illegible]言うべきと考えた。 4 辞書を持っていくべきと考えた。

Mario's father という表現は、2つ目の段落に出てきます。

・Mario's father said, "You should bring an electronic dictionary.

[illegible]注目すると、[illegible]親が電子辞書を持っていくようすすめていることがわかります。

3

Mario[illegible]新しい電子辞書は何色ですか？

[illegible] 2 白色。 3 黒色。 4 青色。

new electronic dictionary という表現は、最後の段落に出てきます。

・He found his new, black electronic dictionary.

という[illegible]注目すると、Mario の新しい電子辞書は black「黒色」だとわかります。

スペインへ

[illegible]はイン[illegible]ドに住んでいます。父親がスペイン出身なので、Mario は英語とスペイン語[illegible]す。[illegible]はスペインにホームステイに行く予定です。彼はスペインの歴史について学び[illegible]たくさん[illegible]古い建物を訪れるつもりです。Mario は両親に「ぼくは一生懸命するよ。そう[illegible]と毎日夕食のときに話せるからね。」と言いました。

[illegible]父親は[illegible]電子辞書を持っていくといいよ。宿題が難しすぎるときに助けになるよ。」と言[illegible] Mario [illegible]子辞書を持っていなかったので、母親に「お父さんは電子辞書が役に立つって[illegible]ほしいな。」と言いました。

[illegible]母親は Mario にプレゼントを買うためにインターネットで探しました。2日後、母親は[illegible]。母親は「箱を開けて、どう思うか聞かせて。」と言いました。Mario は[illegible]黒い電子辞書を見つけました。使いやすかったので、Mario は母親に「気に入ったよ。」と[illegible]。彼は[illegible]をスペインに持っていく予定です。

◆ リスニング ◆

第 1 部

例題 答え **3**

☆ Welcome to Beachside café.
★ I'm ready to order.
☆ OK, what would you like?
1 Yes, I like that.
2 That sounds good.
3 A hamburger and soup.

☆ ビーチサイドカフェへようこそ。
★ 注文が決まりました。
☆ かしこまりました。何になさいますか？
1 はい、それが好きです。
2 よさそうですね。
3 ハンバーガーとスープをお願いします。

解説 What would you like? は「何になさいますか？」という意味で、店員が注文を取るときによく使います。これに対する答えとしては A hamburger and soup. が最も適切です。

No. 1 答え **3**

★ Hi, Kyoko. Where are you going?
☆ To a park.
★ Can I join you?
1 I know that!
2 Yes, I have one.
3 Sure, let's go!

★ やあ、Kyoko。どこに行くの？
☆ 公園だよ。
★ いっしょに行ってもいいかな？
1 知っているよ！
2 ええ、1つ持っているよ。
3 もちろん、行こうよ！

解説 男の子の最後のセリフにある join は「加入する、仲間になる」という意味です。Can I ~ ?「～してもいいかな？」と聞いているので、Sure「もちろん」と答えるのが自然です。

No. 2 答え **1**

★ Katie, is this your notebook?
☆ No, it's not mine.
★ Whose is it?
1 I think it's John's.
2 It's the yellow one.
3 You should buy it.

★ Katie、これはきみのノート？
☆ ううん、私のものじゃないよ。
★ だれのだろう？
1 John のだと思うよ。
2 それは黄色のだよ。
3 それを買うべきだよ。

解説 Whose ~ ? はだれのものかを聞くときに使います。ノートがだれのものなのかについて話しているので、John's「ジョンの」と答える 1 が正解です。

1

☆ …k excited, Kenji.
★ …birthday tomorrow.
☆ …nice! I'm going on a picnic …ow.
1 …e fun!
2 … to meet you.
3 …sorry.

☆ ワクワクしているね、Kenji。
★ 明日はぼくの誕生日なんだ。
☆ それはいいわね！ 私は明日ピクニックに行くの。
1 楽しんでね！
2 はじめまして。
3 ごめんね。

…ve fun! は「楽しんでね！」という意味で、楽しい予定がある相手に対して言います。女の…にある look「～のように見える」は、look happy「うれしそう」、look …「…そう」のように使える便利な表現です。

2

☆ …hat man?
★ … my teacher, Mr. Brown.
☆ … he from?
1 …two days.
2 …ralia.
3 …ty years old.

☆ あの男の人はだれ？
★ ぼくの先生の Brown 先生だよ。
☆ 出身はどこなの？
1 2日間だよ。
2 オーストラリアだよ。
3 30歳だよ。

…here's he from?「彼はどこの出身ですか？」をしっかり聞きとることが大切です。【場所】…答えている…が正解です。国の名前も復習しておきましょう。

1

★ …wrong, Miki?
☆ …king for a pen.
★ …ou can use mine.
1 …'re so kind.
2 …k so, too.
3 …at all.

★ どうしたの、Miki？
☆ ペンを探しているの。
★ どうぞ、ぼくのを使っていいよ。
1 あなたはとても親切ね。
2 私もそう思うわ。
3 どういたしまして。

…を探している女の子に対して、男の子が「自分のを使っていいよ」と伝えています。それ…対して女の子がお礼を言う場面。Here は「どうぞ」とものをわたすときによく使います。…t at all. は Thank you. と言われた人が「どういたしまして。」と返すときのあいさつで

No. 6 答え **3**

☆ Excuse me.
★ Yes? How can I help you?
☆ Where are the vegetables?
1 I don't like them.
2 I'm making some soup.
3 They're by the milk and cheese.

☆ すみません。
★ はい、どうなさいましたか？
☆ 野菜はどこですか？
1 私は好きではありません。
2 私はスープを作っています。
3 牛乳とチーズのそばにあります。

解説 スーパーマーケットで買い物をしている場面。客が Where を使って野菜の売り場をたずねています。by the milk and cheese の by は「～のそば」という意味です。How can I help you? は「お手伝いしましょうか？」「いらっしゃいませ。」という意味で店員がよく使います。

No. 7 答え **2**

☆ Do you want anything else?
★ Yes, some French fries.
☆ Which size?
1 Let's eat together.
2 The small one, please.
3 With ketchup.

☆ ほかにご注文は？
★ はい、フライドポテトをお願いします。
☆ どのサイズになさいますか？
1 いっしょに食べましょう。
2 小さいのでお願いします。
3 ケチャップ付きで。

解説 ファストフード店で注文している場面。Which は「どちらの」と質問するときに使います。「小さいサイズ」は small size、「中くらいのサイズ」は medium size、「大きいサイズ」は large size と言います。

No. 8 答え **1**

★ Did you go skiing with your family?
☆ Yes, for a week.
★ How was the weather?
1 It snowed every day.
2 In the mountains.
3 No, it was yesterday.

★ 家族とスキーに行ったの？
☆ うん、1 週間ね。
★ 天気はどうだった？
1 毎日雪だったよ。
2 山の中だよ。
3 ううん、昨日だったの。

解説 スキー旅行のときの天気について How was the weather? と聞いています。snow「雪が降る」を聞きとることが大切です。天気を表す単語を復習しておきましょう。

3

[illegible] you want to do when you grow [illegible]

[illegible] work in a hospital like my [illegible]

[illegible] uncle a doctor?

[illegible] with my aunt.

[illegible] I'm taller.

[illegible] he's a nurse.

☆ 大きくなったら何をしたい？

★ おじさんみたいに病院で働きたいな。

☆ おじさんは医者なの？

1 ううん、おばさんといっしょだよ。

2 ううん、ぼくのほうが背が高いよ。

3 **ううん、彼は看護師(かんごし)だよ。**

[illegible]ています。Is your uncle ~? という質問に対して No と否定し[illegible]答えています。

2

[illegible] you doing?

[illegible]ching a soccer game.

[illegible] it finish?

[illegible] baseball, too.

[illegible]enty minutes.

[illegible] my homework.

☆ 何をしているの？

★ サッカーの試合を観ているんだ。

☆ いつ終わるの？

1 ぼくも野球が好きだよ。

2 **あと20分。**

3 宿題はやったよ。

[illegible] finish? [illegible]わるの？」という質問に対する答えを選びます。In ~は「~経(た)[illegible]意味で、ここでは「あと20分でサッカーの試合が終わる」とい[illegible]ます。

2

[illegible] did you come to school today, [illegible]

[illegible] o'clock.

[illegible] you so early?

[illegible] practice.

What did Luke do this morning?

☆ 今日何時に学校に来たの、Luke？

★ 7時だよ。

☆ どうしてそんなに早かったの？

★ ダンスの練習があったんだ。

質問：Luke は今朝何をしましたか？

2 **ダンスをした。**

4 テレビを見た。

[illegible]した」という行動を表しています。Luke が何をしたのかを注[illegible]

No. 12 答え **3**

★ Hello?
☆ Hello, this is Sarah. Is Amy home?
★ Sorry, she's at the zoo.
☆ OK. I'll call back later tonight.
Question: Where is Amy now?

★ もしもし？
☆ もしもし、Sarah です。Amy は家にいますか?
★ ごめんね、彼女は動物園にいるんだ。
☆ わかりました。今夜またかけます。
質問：Amy は今どこにいますか？

選択肢の訳 1 家。 2 店。
3 動物園。 4 空港。

解説 Hello? や This is Sarah. というセリフから、電話での会話だとわかります。選択肢(せんたくし)を見ると【場所】を表す単語が並んでいます。Amy について聞いているということに注意して、【場所】を表す単語を聞き取りましょう。

No. 13 答え **1**

★ Where does your aunt live, Sasha?
☆ She lives in New York, Sam.
★ That's nice. What does she do there?
☆ She's an actor.
Question: What are they talking about?

★ きみのおばさんはどこに住んでいるの、Sasha？
☆ ニューヨークに住んでいるよ、Sam。
★ いいね。そこで何をしているの？
☆ 彼女は役者なの。
質問：彼らは何について話していますか？

選択肢の訳 **1 Sasha のおば。** 2 Sasha の休暇(きゅうか)。
3 Sam の夢。 4 Sam の宿題。

解説 女の子は Sasha、男の子は Sam という名前だということをつかみましょう。男の子の初めのセリフの your aunt、続く 2 人の会話の she が指しているのは Sasha のおばだとわかります。

No. 14 答え **1**

☆ How do you come to this soccer field, Noah?
★ I usually ride my bike.
☆ Where is your bike?
★ It's at home because I walked today.
Question: How did Noah go to the soccer field today?

☆ このサッカー競技場までどうやって来るの、Noah？
★ ふだんは自転車に乗るよ。
☆ 自転車はどこにあるの？
★ 今日は歩いたから家にあるよ。
質問：Noah は今日どうやってサッカー競技場に行きましたか？

選択肢の訳 **1 歩いた。** 2 自転車に乗った。
3 バスに乗った。 4 電車に乗った。

解説 How を使って、サッカー競技場に来た【方法】や【手段】をたずねています。ride my bike「自転車に乗る」という表現にひっかからないで。後半で I walked today.「今日は歩いた。」と言っています。

4

you look worried, Jason?
ind my bag.
lue one yours?
e is red.
What color is Jason's bag?

☆ どうして困った顔をしているの、Jason？
★ かばんが見つからないんだ。
☆ あの青いのはあなたの？
★ いや、ぼくのは赤いんだ。
質問：Jason のかばんは何色ですか？

2 緑色。 3 青色。 **4 赤色。**

k worried は「困っているように見える」という意味です。会話の中には blue と red が
Jason が mine is red「ぼくのは赤色だ」と言っているのを聞き取りましょう。

3

our cheesecake, ma'am.
you. Could I have a cup of
too?
ould you like milk with it?
ase.
What does the woman want?

★ チーズケーキをどうぞ、奥様。
☆ ありがとう。コーヒーもいただける？
★ もちろんです。ミルクはお付けしますか？
☆ ええ、お願いします。
質問：女性は何をほしがっていますか？

2 パンケーキ。
3 コーヒー。 4 オレンジジュース。

ma'am という表現から、客と店員の会話だとわかります。Could I have ~？
「～をお願いできますか？」という意味なので、女性が注文してい
です。

3

elp you?
king for snow boots for my
r.
out these?
ok too big.
Who needs snow boots?

☆ 何かお探しですか？
★ 娘のためにスノーブーツを探しているんです。
☆ こちらはいかがですか？
★ 大きすぎますね。
質問：スノーブーツが必要なのはだれですか？

のおば 2 男性のおじ。
3 男性の娘。 4 男性の息子。

n I help you? という表現から、店で買い物をしている場面だとわかります。snow
ots for my daughter という部分をしっかり聞きとりましょう。男性の最後のセリフ too
という意味です。

No. 30 **答え** **2**

★ My mother came home late from work yesterday. She didn't have time to cook dinner, so we went to a restaurant.

Question: Why did the boy go to a restaurant yesterday?

★ ぼくの母は昨日おそくに仕事から帰って来ました。彼女は夕食を作る時間がなかったので、私たちはレストランに行きました。

質問：なぜ男の子は昨日レストランに行ったのですか？

選択肢の訳 1 彼の誕生日だった。

2 母親がおそくまで働いていた。

3 イタリア料理が食べたかった。

4 新しいレストランがオープンした。

解説 Why で始まる文で理由を聞いています。2 つ目の文に so「だから」があるので、この前に理由が話されているとわかります。1 つ目の文と 2 つ目の文の前半を聞き取って、正解を選びましょう。

4級　仕上げの模試　解答用紙

解答欄		
問題番号		1 2 3 4
1	(1)	①②③④
	(2)	①②③④
	(3)	①②③④
	(4)	①②③④
	(5)	①②③④
	(6)	①②③④
	(7)	①②③④
	(8)	①②③④
	(9)	①②③④
	(10)	①②③④
	(11)	①②③④
	(12)	①②③④
	(13)	①②③④
	(14)	①②③④
	(15)	①②③④

解答欄		
問題番号		1 2 3 4
2	(16)	①②③④
	(17)	①②③④
	(18)	①②③④
	(19)	①②③④
	(20)	①②③④
3	(21)	①②③④
	(22)	①②③④
	(23)	①②③④
	(24)	①②③④
	(25)	①②③④
4	(26)	①②③④
	(27)	①②③④
	(28)	①②③④
	(29)	①②③④
	(30)	①②③④
	(31)	①②③④
	(32)	①②③④
	(33)	①②③④
	(34)	①②③④
	(35)	①②③④

リスニング解答欄		
問題番号		1 2 3 4
第1部	例題	①②●
	No. 1	①②③
	No. 2	①②③
	No. 3	①②③
	No. 4	①②③
	No. 5	①②③
	No. 6	①②③
	No. 7	①②③
	No. 8	①②③
	No. 9	①②③
	No.10	①②③
第2部	No.11	①②③④
	No.12	①②③④
	No.13	①②③④
	No.14	①②③④
	No.15	①②③④
	No.16	①②③④
	No.17	①②③④
	No.18	①②③④
	No.19	①②③④
	No.20	①②③④
第3部	No.21	①②③④
	No.22	①②③④
	No.23	①②③④
	No.24	①②③④
	No.25	①②③④
	No.26	①②③④
	No.27	①②③④
	No.28	①②③④
	No.29	①②③④
	No.30	①②③④

【注意事項】

①解答にはHBの黒鉛筆（シャープペンシルも可）を使用し、解答を訂正する場合には消しゴムで完全に消してください。

②解答用紙は絶対に汚したり折り曲げたり、所定以外のところへの記入はしないでください。

③マーク例

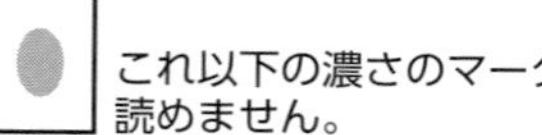

これ以下の濃さのマークは読めません。

※実際のマークシートに似せていますが、デザイン・サイズは異なります。